書名：趙連城傳地理秘訣附雪庵和尚字字金
系列：心一堂術數古籍珍本叢刊　堪輿類
作者：〔明〕趙連城

主編、責任編輯：陳劍聰
心一堂術數古籍珍本叢刊編校小組：陳劍聰　素聞　梁松盛　鄒偉才　虛白盧主

出版：心一堂有限公司
地址／門市：香港九龍尖沙咀東麼地道六十三號好時中心LG 六十一室
電話號碼：+852-6715-0840
網址：www.sunyata.cc
電郵：sunyatabook@gmail.com
網上書店：http://book.sunyata.cc
網上論壇：http://bbs.sunyata.cc/

版次：二零一四年四月初版
平裝

定價：港幣　八十八元正
人民幣　八十八元正
新台幣　二百八十元正

國際書號：ISBN 978-988-8266-66-1

香港及海外發行：香港聯合書刊物流有限公司
地址：香港新界大埔汀麗路三十六號中華商務印刷大廈三樓
電話號碼：+852-2150-2100
傳真號碼：+852-2407-3062
電郵：info@suplogistics.com.hk

台灣發行：秀威資訊科技股份有限公司
地址：台灣台北市內湖區瑞光路七十六巷六十五號一樓
電話號碼：+886-2-2796-3638
傳真號碼：+886-2-2796-1377
網路書店：www.govbooks.com.tw
www.bodbooks.com.tw
經銷：易可數位行銷股份有限公司
地址：台灣新北市新店區寶橋路二三五巷六弄三號五樓
電話號碼：+886-2-8911-0825
傳真號碼：+886-2-8911-0801
email：book-info@ecorebooks.com
易可部落格：http://ecorebooks.pixnet.net/blog

中國大陸發行・零售：心一堂書店
深圳地址：中國深圳羅湖立新路六號東門博雅負一層零零八號
電話號碼：+86-755-8222-4934
北京地址：中國北京東城區雍和宮大街四十號
心一店淘寶網：http://sunyatacc.taobao.com

心一堂術數古籍 珍本叢刊 總序
整理

術數定義

術數，大概可謂以「推算（推演）、預測人（個人、群體、國家等）、事、物、自然現象、時間、空間方位等規律及氣數，並或通過種種『方術』，從而達致趨吉避凶或某種特定目的」之知識體系和方法。

術數類別

我國術數的內容類別，歷代不盡相同，例如《漢書・藝文志》中載，漢代術數有六類：天文、曆譜、五行、蓍龜、雜占、形法。至清代《四庫全書》，術數類則有：數學、占候、相宅相墓、占卜、命書、相書、陰陽五行、雜技術等，其他如《後漢書・方術部》、《藝文類聚・方術部》、《太平御覽・方術部》等，對於術數的分類，皆有差異。古代多把天文、曆譜、及部份數學均歸入術數類，而民間流行亦視傳統醫學作為術數的一環；此外，有些術數與宗教中的方術亦往往難以分開。現代學界則常將各種術數歸納為五大類別：命、卜、相、醫、山，通稱「五術」。

本叢刊在《四庫全書》的分類基礎上，將術數分為九大類別：占筮、星命、相術、堪輿、選擇、三式、讖諱、理數（陰陽五行）、雜術（其他）。而未收天文、曆譜、算術、宗教方術、醫學。

術數思想與發展——從術到學，乃至合道

我國術數是由上古的占星、卜筮、形法等術發展下來的。其中卜筮之術，是歷經夏商周三代而通過

「龜卜、蓍筮」得出卜（筮）辭的一種預測（吉凶成敗）術，之後歸納並結集成書，此即現傳之《易經》。經過春秋戰國至秦漢之際，受到當時諸子百家的影響、儒家的推崇，遂有《易傳》等的出現，原本是卜筮術書的《易經》，被提升及解讀成有包涵「天地之道（理）」之學。因此，《易．繫辭傳》曰：「易與天地準，故能彌綸天地之道。」

漢代以後，易學中的陰陽學說，與五行、九宮、干支、氣運、災變、律曆、卦氣、讖緯、天人感應說等相結合，形成易學中象數系統。而其他原與《易經》本來沒有關係的術數，如占星、形法、選擇，亦漸漸以易理（象數學說）為依歸。《四庫全書．易類小序》云：「術數之興，多在秦漢以後。要其旨，不出乎陰陽五行，生尅制化。實皆《易》之支派，傅以雜說耳。」至此，術數可謂已由「術」發展成「學」。

及至宋代，術數理論與理學中的河圖洛書、太極圖、邵雍先天之學及皇極經世等學說給合，通過術數以演繹理學中「天地中有一太極，萬物中各有一太極」（《朱子語類》）的思想。術數理論不單已發展至十分成熟，而且也從其學理中衍生一些新的方法或理論，如《梅花易數》、《河洛理數》等。

在傳統上，術數功能往往不止於僅僅作為趨吉避凶的方術，及「能彌綸天地之道」的學問，亦有其「修心養性」的功能，「與道合一」（修道）的內涵。《素問．上古天真論》：「上古之人，其知道者，法於陰陽，和於術數。」數之意義，不單是外在的算數、歷數、氣數，而是與理學中同等的「道」、「理」--心性的功能，北宋理氣家邵雍對此多有發揮：「聖人之心，是亦數也」、「萬化萬事生乎心」、「心為太極」。《觀物外篇》：「先天之學，心法也。……蓋天地萬物之理，盡在其中矣，心一而不分，則能應萬物。」反過來說，宋代的術數理論，受到當時理學、佛道及宋易影響，認為心性本質上是等同天地之太極。天地萬物氣數規律，能通過內觀自心而有所感知，即是內心也已具備有術數的推演及預測、感知能力；相傳是邵雍所創之《梅花易數》，便是在這樣的背景下誕生。

《易・文言傳》已有「積善之家，必有餘慶；積不善之家，必有餘殃」之說，至漢代流行的災變說及讖緯說，我國數千年來都認為天災，異常天象（自然現象），皆與一國或一地的施政者失德有關；下至家族、個人之盛衰，也都與一族一人之德行修養有關。因此，我國術數中除了吉凶盛衰理數之外，人心的德行修養，也是趨吉避凶的一個關鍵因素。

術數與宗教、修道

在這種思想之下，我國術數不單只是附屬於巫術或宗教行為的方術，又往往是一種宗教的修煉手段－通過術數，以知陰陽，乃至合陰陽（道）。「其知道者，法於陰陽，和於術數。」例如，「奇門遁甲」術中，即分為「術奇門」與「法奇門」兩大類。「法奇門」中有大量道教中符籙、手印、存想、內煉的內容，是道教內丹外法的一種重要外法修煉體系。甚至在雷法一系的修煉上，亦大量應用了術數內容。此外，相術、堪輿術中也有修煉望氣（氣的形狀、顏色）的方法；堪輿家除了選擇陰陽宅之吉凶外，也有道教中選擇適合修道環境（法、財、侶、地中的地）的方法，以至通過堪輿術觀察天地山川陰陽之氣，亦成為領悟陰陽金丹大道的一途。

易學體系以外的術數與的少數民族的術數

我國術數中，也有不用或不全用易理作為其理論依據的，如揚雄的《太玄》、司馬光的《潛虛》。也有一些占卜法、雜術不屬於《易經》系統，不過對後世影響較少而已。

外來宗教及少數民族中也有不少雖受漢文化影響（如陰陽、五行、二十八宿等學說）但仍自成系統的術數，如古代的西夏、突厥、吐魯番等占卜及星占術，藏族中有多種藏傳佛教占卜術、苯教占卜術、擇吉術、推命術、相術等；北方少數民族有薩滿教占卜術；不少少數民族如水族、白族、布朗族、佤族、彝族、苗族等，皆有占雞（卦）草卜、雞蛋卜等術，納西族的占星術、占卜術，彝族畢摩的推命術、占卜術……等等，都是屬於《易經》體系以外的術數。相對上，外國傳入的術數以及其理論，對我國術數影響更大。

曆法、推步術與外來術數的影響

我國的術數與曆法的關係非常緊密。早期的術數中，很多是利用星宿或星宿組合的位置（如某星在某州或某宮某度）付予某種吉凶意義，并據之以推演，例如歲星（木星）、月將（某月太陽所躔之宮次）等。不過，由於不同的古代曆法推步的誤差及歲差的問題，若干年後，其術數所用之星辰的位置，已與真實星辰的位置不一樣了；此如歲星（木星），早期的曆法及術數以十二年為一周期（以應地支），與木星真實周期十一點八六年，每幾十年便錯一宮。後來術家又設一「太歲」的假想星體來解決，是歲星運行的相反，週期亦剛好是十二年。而術數中的神煞，很多即是根據太歲的位置而定。又如六壬術中的「月將」，原是立春節氣後太陽躔娵訾之次而稱作「登明亥將」，至宋代，因歲差的關係，要到雨水節氣後太陽才躔娵訾之次，當時沈括提出了修正，但明清時六壬術中「月將」仍然沿用宋代沈括修正的起法沒有再修正。

由於以真實星象周期的推步術是非常繁複，而且古代星象推步術本身亦有不少誤差，大多數術數除依曆書保留了太陽（節氣）、太陰（月相）的簡單宮次計算外，漸漸形成根據干支、日月等的各自起例，以起出其他具有不同含義的眾多假想星象及神煞系統。唐宋以後，我國絕大部份術數都主要沿用這一系統，也出現了不少完全脫離真實星象的術數，如《子平術》，《紫微斗數》、《鐵版神數》等。後來就連一些利用真實星辰位置的術數，如《七政四餘術》及選擇法中的《天星選擇》，也已與假想星象及神煞混合而使用了。

隨着古代外國曆（推步）、術數的傳入，如唐代傳入的印度曆法及術數，元代傳入的回回曆等，其中我國占星術便吸收了印度占星術中羅睺星、計都星等而形成四餘星，又通過阿拉伯占星術而吸收了其中來自希臘、巴比倫占星術的黃道十二宮、四元素學說（地、水、火、風），並與我國傳統的二十八宿、五行說、神煞系統並存而形成《七政四餘術》。此外，一些術數中的北斗星名，不用我國傳統的星名：天樞、天璇、天璣、天權、玉衡、開陽、搖光，而是使用來自印度梵文所譯的：貪狼、巨門、祿存、文曲，廉貞、武曲、破軍等，此明顯是受到唐代從印度傳入的曆法及占星術所影響。如星命術的《紫微斗數》及堪輿術的《撼龍經》等文獻中，其星皆用印度譯名。及至清初《時憲曆》，置閏之法則改用西法「定氣」。清代以後的術數，又作過不少的調整。

陰陽學——術數在古代、官方管理及外國的影響

術數在古代社會中一直扮演着一個非常重要的角色，影響層面不單只是某一階層、某一職業、某一年齡的人，而是上自帝王，下至普通百姓，從出生到死亡，不論是生活上的小事如洗髮、出行等，大事如建房、入伙、出兵等，從個人、家族以至國家，從天文、氣象、地理到人事、軍事，從民俗、學術到宗教，都離不開術數的應用。我國最晚在唐代開始，已把以上術數之學，稱作陰陽（學），行術數者稱陰陽人。（敦煌文書、斯四三二七唐《師師漫語話》：「以下說陰陽人謾語話」，此說法後來傳入日本，今日本人稱行術數者為「陰陽師」）。一直到了清末，欽天監中負責陰陽術數的官員中，以及民間術數之士，仍名陰陽生。

古代政府的中欽天監（司天監），除了負責天文、曆法、輿地之外，亦精通其他如星占、選擇、堪輿等術數，除在皇室人員及朝庭中應用外，也定期頒行日書、修定術數，使民間對於天文、日曆用事吉

凶及使用其他術數時，有所依從。

中國古代政府對官方及民間陰陽學及陰陽官員，從其內容、人員的選拔、培訓、認證、考核、律法監管等，都有制度。至明清兩代，其制度更為完善、嚴格。

宋代官學之中，課程中已有陰陽學及其考試的內容。（宋徽宗崇寧三年〔一一零四年〕崇寧算學令：「諸學生習……並曆算、三式、天文書。」，「諸試……三式即射覆及預占三日陰陽風雨。天文即預定一月或一季分野災祥，並以依經備草合問為通。」

金代司天臺，從民間「草澤人」（即民間習術數之士）考試選拔：「其試之制，以《宣明曆》試推步，及《婚書》、《地理新書》試合婚、安葬，並《易》筮法，六壬課、三命、五星之術。」（《金史》卷五十一・志第三十二・選舉一）

元代為進一步加強官方陰陽學對民間的影響、管理、控制及培育，除沿襲宋代、金代在司天監掌管陰陽學及中央的官學陰陽學課程之外，更在地方上增設陰陽學之課程（《元史・選舉志一》：「世祖至元二十八年夏六月始置諸路陰陽學。」）地方上也設陰陽學教授員，培育及管轄地方陰陽人。（《元史・選舉志一》：「（元仁宗）延祐初，令陰陽人依儒醫例，於路、府、州設教授員，凡陰陽人皆管轄之，而上屬於太史焉。」）自此，民間的陰陽術士（陰陽人），被納入官方的管轄之下。

至明清兩代，陰陽學制度更為完善。中央欽天監掌管陰陽學，明代地方縣設陰陽學正術，各州設陰陽學典術，各縣設陰陽學訓術。陰陽人從地方陰陽學肄業或被選拔出來後，再送到欽天監考試。（《大明會典》卷二二三：「凡天下府州縣舉到陰陽人堪任正術等官者，俱從吏部送（欽天監），考中，送回選用；不中者發回原籍為民，原保官吏治罪。」）清代大致沿用明制，凡陰陽術數之流，悉歸中央欽天監及地方陰陽官員管理、培訓、認證。至今尚有「紹興府陰陽印」、「東光縣陰陽學記」等明代銅印，及某某縣某某之清代陰陽執照等傳世。

清代欽天監漏刻科對官員要求甚為嚴格。《大清會典》「國子監」規定：「凡算學之教，設肄業生。滿洲十有二人，蒙古、漢軍各六人，於各旗官學內考取。漢十有二人，於舉人、貢監生童內考取。附學生二十四人，由欽天監選送。教以天文演算法諸書，五年學業有成，舉人引見以欽天監博士用，貢監生童以天文生補用。」學生在官學肄業、貢監生肄業或考得舉人後，經過了五年對天文、算法、陰陽學的學習，其中精通陰陽術數者，會送往漏刻科。而在欽天監供職的官員，《大清會典則例》「欽天監」規定：「本監官生三年考核一次，術業精通者，保題升用。不及者，停其升轉，再加學習。如能黽勉供職，即予開複。仍不及者，降職一等，再令學習三年，能習熟者，准予開複，仍不能者，黜退。」除定期考核以定其升用降職外，《大清律例》中對陰陽術士不準確的推斷（妄言禍福）是要治罪的。《大清律例・一七八・術七・妄言禍福》：「凡陰陽術士不許於大小文武官員之家妄言禍福，違者杖一百。其依經推算星命卜課，不在禁限。」大小文武官員延請的陰陽術士，自然是以欽天監漏刻科官員或地方陰陽官員為主。

官方陰陽學制度也影響鄰國如朝鮮、日本、越南等地，一直到了民國時期，鄰國仍然沿用着我國的多種術數。而我國的漢族術數，在古代甚至影響遍及西夏、突厥、吐蕃、阿拉伯、印度、東南亞諸國。

術數研究

術數在我國古代社會雖然影響深遠，「是傳統中國理念中的一門科學，從傳統的陰陽、五行、九宮、八卦、河圖、洛書等觀念作大自然的研究。……傳統中國的天文學、數學、煉丹術等，要到上世紀中葉始受世界學者肯定。可是，術數還未受到應得的注意。術數在傳統中國科技史、思想史，文化史、社會史，甚至軍事史都有一定的影響。……更進一步了解術數，我們將更能了解中國歷史的全貌。」（何丙郁《術數、天文與醫學中國科技史的新視野》，香港城市大學中國文化中心。）

可是術數至今一直不受正統學界所重視，加上術家藏秘自珍，又揚言天機不可洩漏，「（術數）乃吾國科學與哲學融貫而成一種學說，數千年來傳衍嬗變，或隱或現，全賴一二有心人為之繼續維繫，賴以不絕，其中確有學術上研究之價值，非徒癡人說夢，荒誕不經之謂也。其所以至今不能在科學中成立一種地位者，實有數困。蓋古代士大夫階級目醫卜星相為九流之學，多恥道之；而發明諸大師又故為惝恍迷離之辭，以待後人探索；間有一二賢者有所發明，亦秘莫如深，既恐洩天地之秘，復恐譏為旁門左道，始終不肯公開研究，成立一有系統說明之書籍，貽之後世。故居今日而欲研究此種學術，實一極困難之事。」（民國徐樂吾《子平真詮評註》，方重審序）

現存的術數古籍，除極少數是唐、宋、元的版本外，絕大多數是明、清兩代的版本。其內容也主要是明、清兩代流行的術數，唐宋以前的術數及其書籍，大部份均已失傳，只能從史料記載、出土文獻、敦煌遺書中稍窺一鱗半爪。

術數版本

坊間術數古籍版本，大多是晚清書坊之翻刻本及民國書賈之重排本，其中豕亥魚魯，或而任意增刪，往往文意全非，以至不能卒讀。現今不論是術數愛好者，還是民俗、史學、社會、文化、版本等學術研究者，要想得一常見術數書籍的善本、原版，已經非常困難，更遑論稿本、鈔本、孤本。在文獻不足及缺乏善本的情況下，要想對術數的源流、理法、及其影響，作全面深入的研究，幾不可能。

有見及此，本叢刊編校小組經多年努力及多方協助，在中國、韓國、日本等地區搜羅了一九四九年以前漢文為主的術數類善本、珍本、鈔本、孤本、稿本、批校本等數百種，精選出其中最佳版本，分別輯入兩個系列：

一、心一堂術數古籍珍本叢刊

二、心一堂術數古籍整理叢刊

前者以最新數碼技術清理、修復珍本原本的版面，更正明顯的錯訛，部份善本更以原色精印，務求更勝原本，以饗讀者。後者延請、稿約有關專家、學者，以善本、珍本等作底本，參以其他版本，進行審定、校勘、注釋，務求打造一最善版本，供現代人閱讀、理解、研究等之用。不過，限於編校小組的水平，版本選擇及考證、文字修正、提要內容等方面，恐有疏漏及舛誤之處，懇請方家不吝指正。

心一堂術數古籍珍本整理叢刊編校小組

二零一三年九月修訂

趙連城傳

地理之妙一理而已。且理者。合天地自然之理也。欲明地理。必先精察陰陽。知陰陽之訣在。即知理之訣在。知理之訣在。即知氣之訣在。知氣之訣在。即知形之訣在。知形之訣在。即知物之訣在。知物之訣在。然有是物。則有是形。有是形。則有是氣。有是氣。則有是理。因理可以推氣。因氣可以推形。因形可以推物。然物之本物不因氣而生。人生一物。不因理而成。理者。為何。盡理者。生物之根。為太極一理也。始而生兩儀。兩儀生四象。四象生八卦。生萬之物。進退消息之機。氣不本乎理也。若夫氣之在天。爲日月星辰。在地。爲水火土石。在人。爲賢愚不肖。在

兩儀[illegible]

動靜而已。動者動之陰陽，靜者靜之柔剛。動而陽者動之始，動而陰者動之

極；靜而柔者靜之始，靜而剛者靜之極。太陽之氣為日，太陰之氣為月，少陽之氣

為星，少陰之氣為辰。此氣分于太陰太陽少陰少陽，而為天之四象也。太剛之氣為

火，少剛之氣為石，太柔之氣為水，少柔之氣為土。此氣分于太剛太柔少剛少柔，而

為地之四象。人間天地之變化，萬物之氣，其稟氣清者為聖賢，稟氣濁者為愚

不肖。物稟氣之偏，陽生而陽成者為飛，陰生而陰成者為走，走之性本乎天則親

上，性本乎下則親下。飛則陽盛，陰則為極，氣盛而能植者為盛，氣微而能植者為微

斯皆拘乎氣質之私稟由乎物性之自然非天地之所作為乎其間也人能由是推之則知其氣上運乎天下行乎地充塞宇宙周遍乎萬物乎物不見其特不然況夫地理之大而不推其理不厚其氣何能稽諸用哉既以理氣厚其生之物而不以順逆推其吉凶之机哉蓋天一天天地也人之心正則天地之心亦正人之氣順則天地之氣亦順天地之氣順則風雨時而暑寒宜人之心正則陰陽和而萬物類盛蓋人之心即天地之心天地之氣即人之氣也如作善降祥作惡降殃作善者順乎理也作惡者逆乎理也理之所逆為氣之逆理之所順為氣之順順則吉逆則凶所以氣貴乎順而不貴乎逆也然人之氣順故能合乎天地天地之氣順而能生萬物理故然矣若父

母既殁。其氣已絕。葬之蔭于子孫。係嗣續之計關。蓋天地萬物之根本。父母子孫之根本。
子孫父母之遺氣也。萬物之氣在天地之氣二在子孫之氣在父母之氣二在許以天地之氣
感乎萬物。父母之氣散于子孫。嗚呼非葬骨也。乃葬今之心也。心通而氣之通。義絕
而氣之絕。同乎声者必相應。同乎氣者必相感。故銅山西崩。靈鍾東應。木華於春。栗
芽於室。況人之靈乎。人能以父母葬于山水會合融結之所。以根本培植於茂盛
之地。自然枝葉昌大。不待言明矣。於以父母葬于不善之地。是以根本置于枯涸之
所。必定枝葉殘墜。不待卜知之。所以根本固則枝葉盛。神靈好則子孫昌。孔子曰。
卜其宅兆而安厝之。乎之謂歟。盖葬者乘其地之生氣也。生氣行乎地中。有聚有散。

弁如兩字相合時也

有順有逆。有起止有急緩。有强弱有浮沉有正有雜。乘風則散。界水則止。惟要審察詳辨。弁濟就乘接之口宜也。凡學地理必先明其理氣察其陰陽孰乎明山水。辨其脈息。盛衰以接其善惡之用。夫山水陰陽之氣也。山有山之陰陽。山則陰盛。水則陽聚。高山為陰。平地為陽。陽盛則喜乎陰。陰盛則喜乎陽。山水靜為陰動為陽。陽動則喜靜陰。靜則喜動。動靜之道。山水而已。合而言之。總云一氣。分而言之曰氣曰水曰砂曰穴。有龍無水則陰盛陽枯。而氣則以水質。有水無龍則陽盛陰弱。而氣則以龍主乎水穴。去衛穴氣何聚。必欲龍以來之。水以界之。砂以衛之。穴以聚之偏。然後可以為地也。楊公云。有龍無水不堪扞。有穴無龍枉自然。龍水分明砂穴

見自然住氣間相全凡論龍穴砂水各有一辨龍辨辨支幹砂辨辨順逆水辨辨出入以龍言
之龍即山也以山言之山即土也土為氣之體有土斯有氣氣因土而行土因氣而盛土有
氣則順而聚無氣則嵇而散土行則氣亦行土止則氣亦止善尋龍者必欲言其
說起求其說止起之一字從龍之初也止之一字龍穴之說尋其說起勿脫其體求其說
止勿脫其脈古云龍之形體乃人之形狀其尋止動手足自在主將一出兵卒必隨
手足不夜非其體兵卒不隨非其將說以雌雄弄出而有尊卑者是也兄弟
同行而有倫序者是也地表既有而見眾星拱之勢者是也苟或反之烏足為美歟
觀其始終層層會嶂若群臣下殿之象探其始出隱隱隆隆斂跡聚氣之

狀來。則維持護從。過則鶴膝蜂腰。那撓棹不知其所以引。非界水不知其所止。而則為

城為廓。倖文存中。信則左盤右旋。穴定藏。阁或存云。汉以潛踪。或落平洋而展勢。斷

隴童山。何須着眼。孤峰石巖。慎勿勞心。斷則其氣不接。童則其氣不和。石則其氣不

佳。孤則其氣不聚。及夫破碎邐而不止。并又何取焉。從吾所大破。必得逆水之龍。快

人之私。必須同撤天之至。遠則推倉積庫。近則舞鳳飛鸞。勢若萬馬之來。似飛

龍而不結。南結北。又取盤桓。任東任西。只求歸聚。再護再衛。偏揀西北之風。有棒

有肢。同喜東南之美。見水止竭。展若層花三晨之龍。過脈若前。雲聚蛟蛇珠

之象。勢若轉時。龍之轉隨他蹤去。接他蹤。倒朝回望。觀詩信。自有盤桓理在

中水曲沙灣那怕百步而去龍正氣正何妨千里而來高隴卑夷不可一途而斷高

隴之龍其氣自上而降水之頓不能止迴游蕩者不能止聚宕逆不能結結則成會會

則歸垂之水而會其源正則成聚聚則合合垂交而抱其掉護則傾斜宕其訣欲左空

右缺派折諸勢行之而來迎順分之而分逆理或賓或主或君或兄或散蚊而若事

而猶反角之分次序西歪東倒何訣取其欲正而出出而隱隱而起起而伏伏而興

興而斷斷而續續而連連而寬寬而結結而聚聚而明勢須大而有訣落支須聚而有

歸訣者穿雲接氣回頭皆有我來從秀呈奇入眼皆有我有展勢絕勝屯兵坐穴

猶如蜜室穴當高正正廊堂庫拱衛門戶堅牢外患難入環中爭去之心內氣不

出坐下有生〃之妙涼飈泡去暖意忽春雷盤〃崇犖土中一邊外有起伏之氣象
內有天然之樞机若得之妙可謂納氣之盛矣平處之地其氣自下而升乃水之平
下欲行也先看太勢從何而來後看大勢從何而结來必有去結必有情或止于波
湖之訣或止于溪澗之邊或以平湖為氣海或以江水為城郭高寸為山低寸為水
左右有生氣之相資近侍之氣不可脫金魚之水不可無隨風之屏不可缺截關
之水不可失向則視其山之訣仰坐則求其山之訣來仰則趨伏于我來則倚靠于抱
仰俯貴乎逆順挽必貴乎多隆欲求仰掌尊破先看鋪毯展席或有十大一小
之脈或有十小一大之机弄則衆穿細則來一任馬踏履江王盘礽鐍當中起哭之

理生焉。蓋心為來有意而唐坦而有聚，聚而有泡，泡而有細，細而有脈，脈得其停蓄不脫

可脫其脈，得其脈者不可脫其氣，得其氣者不可反其理。理中數正，青峯必分宮

貴坐下一灣，灣者水定其財源。大要藏風聚水，則氣必行，來來必有情，而而必有理聚

（最宜明淨盤旋有關攔而不藏風其氣則散有藏風而無界水）

之使不散，行之使有止。或濕或燥，其或一定，之之為稱，或直或俚，自有許多之分限。本身

（氣為母水為子）

不怕重重包裹，倚露則氣寒，寒為飄，高身孤則患重，因而護從。若水者氣之子

也。看氣必看水，氣因水而生，水因氣而化，水氣則上得合，上者雲霧也；水氣降下得合

下者雨露也。雖高山不能泡，雖石巉不能泡。土者石之肉，石者土之骨，水者

石之血脈也。試以水愈緩愈吉，愈柔愈良，逢剛則必畏，逢柔則得明原，天地

而來謂之進龍。蟠繞從容而至，謂之拱揖。前朝左右循環而抱，謂之繞城。面前之
有而伏謂之腰帶。出下歸作元辰。出水來為交會。隨龍貴乎分定。前朝貴有
朝揖。繞城貴有情意。腰帶貴有灣環。元辰不可直流。交合要分明。枯潤殊途
理當一致。枯則元辰交合，潤則溪澗江流。夾水之為美。尋要詳四喜。一喜灣環。二
喜歸聚。三喜平淨。四喜平和。灣環則無分反之咒。聚則無飛走之患。明淨
則暗鍼不生。和平則傾跌不及。見其計來而不見其計去。知其計去而不知其計
□。藏之矣。蹤故不忍而去。遶城不忍而去入穴。對面呈之玄。千金難買。入環而反跳。一
文不值。古云：明堂淨而聚氣，陰去水窄而城門緊。出不有三疊。門外有起澤之

悠悠顧我欲留種，反背斜飛為吉氣，溝決割脚，脚不為佳，小澗最忌沖腰，大江不

宜反射，一朝一夕非久遠之龍，一順一逆還凶惡之竟，左边若反長男敗，右边若反小

男亡，前面水急中房絕，切忌坡前有寸穩滔滔撤天浪地，氣何所憑，潺潺水作悲聲

不已，前射激跳，凶有翠斜，飛沖反八，煞俱全，若夫砂者山勢之所會也，勢會則龍

聚，聚則龍見，見則氣合，合則有穴矣，有砂則龍失庇，有龍則砂有主，龍為君，砂

為臣，道居臣位，手至臣必跃下伏，俛首垂足，行行有乘，庆伍列秀呈奇，状結有拱

端端之象，远則為城為郭，近則為案為几，八風以之而衛，水口以之而閉，就体分支，受為

逢氣，其包裹身貴，蜜隔江為護，雖非同宗最喜有情，其来從者貴，順就衛佐

怕斷其背。隔江怕反其情。貴爭朝揖。彼此皆欲盤桓。古云，在前要垂。在後要堆。
在左要順。在右要歸。疊疊似瑞莊美女。重重似俊秀貴人。華表凌雲。捍門插
漢。古云，若要人家千百口。面前層層起高峰。假如浪蕩斜欹前。歷代產英賢。
若論砂者。除开八煞。先辨五星行度。如金則圓而秀。木則橫而聳。火則尖而利。
水則灣而和。土則方而厚。木逢金必尅。金遇火必傷。水見土不利。土見木不良。乃火
而遇水。剋得不遂矣。試言其金水相生。木火同用。火土相濟。水亦同來。亦屬東而
坐北。火居南而必畏。金居西而專權。水居北而得令。惟土一氣而四隅皆宜。要若
若大而豈為良善。云心焰焰。大砂皆尖光危危列。若反若亂。不開不勞。若走若

飛撈須著眼半翻半順終爲奸詐之徒爲虜爲偷定出光頭之輩不是蜿蜒
有何好意不住草木著甚來由一句撞胸捶腹二句削脇拖槍三句反弓外抱溜
隨水箭飛不通不凹佳人祿之不破不碎起禍連連鶴脛鷺股淫風大起牛背馬
腿又不哭家長男逃竄青龍擺尾而行小子離家白虎反身而去吉則陽順朝
入凶則陰反無情若有反砂以水同斷經云砂若不明哭害必生砂以明淨禎祥
遶應爲惡爲虞入眼自然秀麗有情有意形勢必定富趨太弱則虛于前太
高則壓于主虛則賊風入壓則賓欺主貴乎前擁後隨欲其左降右伏貧富
壽夭之說聞賢愚不肖之評係居丘學孔肖像山川嵩嶽降神出于風土且夫穿

聚氣之訣。遠則為大勢凝結。近則為四象之樞機。造化由此而理。山川融結由此而淵。
有訣様外有訣。表裏或高或下。生成之機。或陰或陽。自有天然之妙。不得其訣。不宜輕
立。不得其傳。不宜誤人。報應如響。切莫如斯。古云尋龍易。立穴難。為差一指。卻隔萬
山。又云立穴之法。若看棋。差之毫釐。謬以千里。大凡立穴先要屏去八煞之
之為害。不為不重。然之為形。不為不解。為電之尾。為棋之勢。為鎗之梗。
為勝之直為意之指。為勢之葉。及大孤峰獨秀。大怕窮源。何足取去。既穿
此然方看龍勢從何而來。次看地勢從何而結。從何而歸。以城從何而遠前
山從何而過。脈從何而入。金魚從何而會。有龍牙落穴不真。有不牙歸情

必假。有歸乎趨。其旨非良。有趨乎脉。穴何為主。有脉乎界。以何為證。必啟
然而有意。々而有歸。々而有脉。々而有界。可以為穴矣。脉從左來、穴從右出。假
為交脉不首。作金面兩向。宜擴過。左邊以右乘氣。左出到決。必有蟹眼蝦鬚吞
吐唇乎毬簷。拂耳頂脉。藏穴必有剋脊。陷脉藏穴必有仰掌。或生棲魂。或
忍。起停貍狀出三火。或生苞瘡。為盞中之陷。或似灰中之線。或為草裡之蛇。或為
雲中之雁。或為草上之珠。或双脉而來。或單脉而至。或從正出。或從偏生。任東任
西。莫脫其跡。脉入首既明其脉。脉情仔細斟酌名字。大八字分脉。下水小八字
脉之机。水之訣。分氣之訣。入水之訣。合氣之訣。止入則為主。正則為穴。陰盛則枯。陽盛則

撞。或蓋或倚。各有訣。係。且要分其陰陽順逆。強弱死生。浮沉虛實。急緩厚薄。
雌雄長短。陰則劍脊。三陰從天而降。生氣本乎下。借陽一噓。而萬物生。陽則仰掌。
三陽從地而上。氣本乎上。借陰一吸。而萬物成。順則取正。逆則取緩。強則取黏。弱則取
撞。死則陰之。生則挨之。浮則倚之。沉則蓋之。虛則斬之。實則頂之。急則緩之。厚則
挖之。薄則接之。雌必就雄。長必就短。此一定之法。而不可易也。至于深淺之法。隨其
地之訣。宜由其龍之厚薄。當淺而深。氣從上過。當深而淺。氣從下過。第一合水為入氣。
第二合水為正氣。第三合水為合襟。合襟之水。即淺深之。淺深之法。繩平是也。即此為
是其二要法。不可外也。一要藏風聚氣。二要內氣護堂。三要明堂積水。四要交合分明。

五要前後相應、六要左右相纏、七要避光走殺、八要內外相承、九要淺深得宜、十要
不脫脈情、十一別其枯潤、十二要土色鮮明、既得乎此、自然乃保穿針、乃循牽墨、既失
乎此、則如水中取火、炭裡尋冰、古云立穴若還裁岔任、教吉地也往然、高低淺深為
差錯、交吉為凶、起禍從災、又云氣合乎情、情洽乎脈、脈相抱、自然通澤、此法為接
木、何以言之為、既得為是前後左右之理、不可不辨、前以朱雀為賓、後以玄武為主、左右為龍
虎之身體、龍虎是玄武之手足、身體必以端正為工、手足必以相應、有長長幼必以
遜順為貴、賓主既立、必以迎接為奇、賓奇乎主則反乎常、手足盛乎身體、必
乎是理、玄武要垂頭、朱雀要翔舞、虎不欲馴頫、龍必欲蜿蜒、為得其宜、乃辨六勢

混合造化，納諸形狀，本乎理氣，審其情，故以先天而推其體，以後天而推其用。蓋龍穴砂水，地之本也；卦乃地師之作用也。苟無其本，其用何施？蓋龍穴砂水天然已定，形勢大者則大，小者則小，貴者則貴，賤者則賤，萬古而不可易，豈可以卦而變置乎？所謂卦者，不過定其向，自然之方位，推其已有之吉凶，恐非道眼裁剪，乃不的。故以此合之，豈可舍其地而用其卦乎？且夫先天之卦，本于河圖；後天之卦，本于洛書。乾一、兌二、離三、震四、巽五、坎六、艮七、坤八，此先天以九而為用也。而乾坤則為天地定位，坎離則為水火相射，震巽則為雷風相薄，艮兌則為山澤通氣也。坎一、坤二、震三、巽四、中五、乾六、兌七、艮八、離九，則後天以十為用，圖中十五之數也。凡

（地理以五行生剋为重）

出手卦者以卦爻主，出手干支以卦納甲屬主干，則純干支，要得先後之數。先後之數足天地之數，亦足天地之數，足參兩之數，亦足生生之妙，自此得矣。其餘陰陽老少、進退消長、全保平易、勉擇小葬，只在堂向相生，出入相符而已。欲論富貴貧賤，出乎自然之理。大貴之地，所係者廣，所包者大，以一山而統衆山，以衆水而融一氣。青巒從輔，貴穴排乎形勢，與衆不同，盤結自然雄壯，世不常有，人人不苟得也。大富之地，利害輕重不過四應相停，包裹完密，倉庫手穴吉，水趨臨，其所包者乎非枝蔓，其所見者不過眼前，是則富矣，而貴未能間焉。其金有貴山峰，器量微賤，得利浮名，雖有好水一鈎一鈐，條牛捏種

可知諸以大有大之規模。小有小之氣象。丹山產鳳。碧海藏龍。惟其大意與發未精。攻受為害。若有小患而發其大。于設著大龍之地。人人得而塋之。則家家稷契。戶戶夔陶。無是理也。古云。生人受福。明師功湊。生人當徹。育巫胡為。以守觀之。有數存焉。人之不能以智力得之也。凡為人子。塋葬不可不覽。父母不可不重。苟有患亂。一旦甘為愚魯。不能於地理。不能正乎人心。聊以口傳心授。形諸紙筆。泄天地之機緘。露山川之融結。乎秘寶之不宜輕泄上。勿眠〔泯〕焉。得其人則傳。非其人勿授。傳得其人則能移而受之。濟而用之。使天地生物之心。開大慶生物之路。看則為之訣正。乎則為之訣止。自然毫釐不謬。則人心安而天理正矣。

苟非其人則傳而不習〻而不熟〻而不精〻而不誠或為利以忘其正或索利以害其義又或以地之說矛而欺人心誘有或昧于說正而就于理之說偏或以假術而真或以小謀而失大或明知而誑欺或損心而昧己誣人于白日之中陷人于幽冥之地禍基于彼而反于此于天理人心果何在哉嗚呼明地理者掌于禍福之權持生死之令其心于理相契其理于氣相化堅空衡平直真為灼見豈淺陋之士而能者之哉學者宜珍重之

神程書終

牧堂論穴賦

〻取捐也 趨走西

魚尾擺開看後倚前親之勢虹腰双下認橫插直走之情莫遇于決之而橫

看其蹤休言是木是金。動中取穴順受逆受何拘。討定于天心傍求正求猶在精

詳于龍虎橫。掘橫殺。牙龍却墜有龍。直向直扞有氣。須知牙氣橫山奏脊外。

鼎答。直山扞柔外。曰入脣抛鞭。須認節。避制要離根。反手粘高骨。冲天打顛

淺水之件

乾仰而虛門。仄栽為把傘。平視合提籃。擺出情難淺。橫菟移若翻。匾大臨坛。出雄粗帶

宜乘其急側尋。打尖休動骨。直串莫傷唇。直宜橫下。三停妙影尋。腕藍扞窟肉剜

墓其巔尋穹龍心。牛鼻隋掌。水魚腮要合襟。

四真三法義

四真者。真龍真穴真砂真水是也。三法者。高不開斂。低不犯冷。閑不離脉是也。何

謂真龍穴頂一線之脈。為線為帶。若隱若顯。滴落穴內者。真龍也。所謂真穴在口上下之間。有毬有簷。為凸為仰。生氣凝結者。真穴也。所謂真砂蟬翼牛角是也。故亂穴者。蟬翼以蔽于後。則其氣塞之口。穴者。牛角以抱于下。則其氣散者。二者之訣以為真砂也。所謂真水。蝦鬚蟹眼金魚是也。苟上者蝦鬚之分水。則臺淋頭。下者金魚之合水。則慮割脚。于二者之所以為真水也。故胎腹經曰。真龍既降。真水夾纏。天心蕩凸。必有真穴。又曰。立穴之法。須看真砂。二既定。穴正者差。砂關兩路。水對三叉。合之可知。四真之最有關于生氣矣。破毬謂之開煞。蓋脈緩而不知饒減。或脈緩而過于呑之故也。破簷名為犯冷。蓋脈柔而不知呑吐。或脈急而過于吐之辨也。故楊氏曰。寧傷其穴。莫傷其龍。傷穴冷敗。傷龍殃兇。吞吐之法不可不慎。
矣。欲求離脈之辨。則上有蓋金分金不可不乘。有合金不可不相傍。有夾金不
可不慮。正中作穴而辨可免矣。欲得挨閃之法。則來有股明股暗。不可不慎。斗
有先後。不可不辨。氣屬先到。不可不挨。挨閃得宜。而氣可乘矣。故楊氏曰。收砂收水。
挨法之主。或左或右。隨砂水。任胡矮仙曰。兩片三叉。穴自無杖。隨斜反枕夾圖接
迎放送。分強弱。个字之中玄又玄。廖氏曰。不拘明界與暗界。先到必須挨。
合明暗挨閃法。左右任君裁。合之可得偽證。挨閃之法矣。

廖氏四象星暈說　立穴開井五四二十法

窟窩凹平
老陰
湧突泡平
老陽
脈突上微凹
六少陰
息窩低而微突
女人妻尚若何

星中太極最玄微，於焉隆而伏，陰陽須把肥瘦別，龍穴要相符，伏中饒減任推裁。
先分少老，若是初時分四象，脈息窟突并脈，是有脊暈中生息，是再成形窟
是有窩在平面，突是泡形現，陽龍息突忌相逢，陰龍脈窟凶，脈象開井分四
樣，蓋粘併倚撞，脈緩用蓋，急用粘，直倚橫撞，是見象開井有四類，斬截併釣墜，
息短用斬，長截，高就低墜，藏窟象開井有四訣，正求與架折，窟狹用正，闊
用求，深架淺折，收突象開井有四法，挨拼與斜挿，突單用挨，双拼中斜，偏挿閃。

論五行訣附用

正五行論龍之氣，八卦五行論龍之理，洪範五行論山之運，双山五行論龍之合，玄空五行

分金宜坐向相生即納音也

論向之用。納音五行論。分金渾天五行論。分度星宿五行論。會局。圖見琢玉斧上才錄

五星總論

若知象法方知卦例之真

夫陰陽五行者之氣也。五行配五星者象也。水喜蕩動清而不濁。火喜雄健明而不燥。木喜聳特秀而不粗。金喜圓淨正而不偏。土喜高大厚而不滯。故水多則泛。火多則炎。木多則梗。金多則頑。土多則壅。皆不結也。大抵星辰有種類。生子生孫乃相似。相似方搏換。不真皆不是。（知骨肉真）蓋五星正出者曰正氣。侍妾者曰化氣。冲天者曰正體。倒地者四深停。有喜有怒。喜者遇生也。怒者受制也。架破也。斜側擺帶名破是也。侍妾者屏其小從也。五星歌曰。金似覆釜無皮目。木星頭尖角差別。水似

生蛇腰帶同火星，稜角利尖鉄土為樹，櫃更深盆認是五行真。口訣又曰：木直金

雲土宿方，火星尖秀向南生，水体屈曲為蛇走，說與時師論五行。一圖直曲尖方五体本是大行氣直曲尖方各端向湊作九星全此是廖先醒

五星正形

乳穴

口穴

金盆水

五星變九星訣　太陽一星即左輔，高圓覆金鐘。太陰体是右弼，体形還更方圓。木星亦氣曰貪狼，

一尖更直長。金水原來名武曲，三腦為金宿天罡。誰識巨門体，三般頭腦異，天罡正与

破軍同，脚下出尖峰。破曜祿存同，一類殺峯正相似。燥火廉貞實，一名尖斜芒帚

形。歸藏屬水起文曲，斜拖帛一幅。

正木星

体圓而直，廖名木氣，揭名貪狼。

正火星

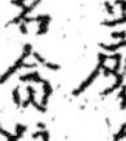

体尖而利，廖名燥火，揭名廉貞。

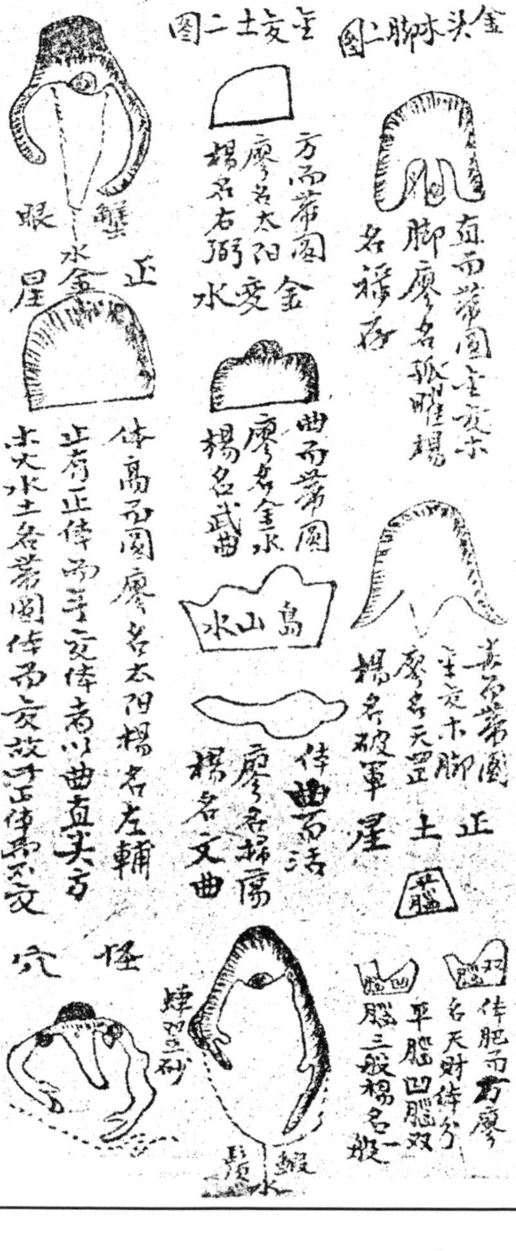

楊公九星歌云

貪狼音曜列貪狼，武曲為星似月方。滿欲規左輔，恰似便鐘要識，廉貞形內破，破

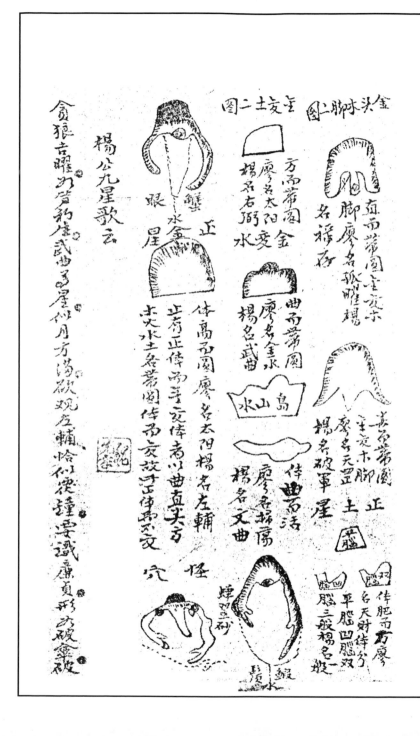

單惡曜星為算子前排祿存當星形為破碎之側撒網好尋文曲鋪毡宜覓弼星雖有巨門直為平凡欲識龍情模先辨九星之形九星正形廉貞宜作祖宗巨門宜作帳幙貪狼宜作貴人峯武曲宜作龍結穴文曲宜過峽輔弼宜夾從破軍祿存宜閃閉

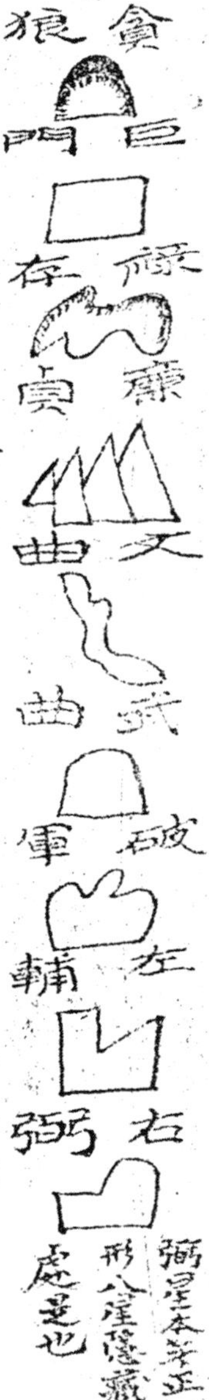

弼星本無正形八星隱藏處是也

五星穴法

架破侍廉穴法未詳

金星穴法穴格有蓋粘倚撞斬截吊墜正球架折挨併斜插吞吐浮沉脉息窩鉗突藏奈

內茶甘類不一金星最宜界水穴無窩須尋凸若還窩突不分明硬面水來侵不可扦腰主黃

腫人絕爲枷腦壽爲巨門吉撐四中扦 塟法 蓋粘倚撞脉息仄 蓋穴○惟有木星宜蓋
穴水星蓋穴名為絕土金蓋穴尚為奇火星瘟火主休歇○蓋者主蓋山氣來緩順下子害甘地出
不頓下平穴為塞漏桶下後而殺若四山低穴露八風來吹立見敗絕○木茂花實結于林表
金藏岩穴光照太陽土勢厚載生物條達故此三星蓋穴最奇水星流蕩○火併木星而發實
倚此二星不宜蓋穴或曰火為炎上豈不蓋穴何也此謂炎騰烟而成上造化自然之理也高山平地
皆有此穴九星中謂天穴也其氣沖上故腠頂扦有上中下三格各有取用宝蓋華蓋云
蓋星也龍虎極高案山聳遙上扦宝蓋龍虎高案山中扦華蓋龍虎高朝山下
聳下扦云蓋謂高齊眉低應心也案山低有主等客福力淺左右臨風勢緊禍患重

若明堂傾流水神并不朝穴退又旋運平地蓋穴縱在高逼難下經云後升不妨安
絕頂指高山也又云支壟甘巔指平地也　九星中名蓋穴　天穴图　頂下

前後左右有貴有賤有休有咎宜視左右下　葉蘊蕃

粘穴〇木冬復命氣歸根火夜含胎金產淵土粘卑濕水污濁人丁退敗禍綿綿粘
者主脈上急就下立乎偏倚乃急來緩受怕反謂依下發弦遲失脈有尅剝若非有真
見主脈安敢下粘若四勢山壓逼不可下〇木遇冬歸根復命金產于淵皆宜下粘
火夜宿藏含胎自守不得住息粘則水勝于火最難下〇土星氣不聚下粘謂卑濕水
星遠邊迤氣不在下粘為污濁倂主退敗或曰水流潤下豈不有粘何也殊不知收龍不再可不

審或粘者九星中謂地穴也然有覆鐘絕蹤之穴人見其說便生疑是殊不知當粘則粘何疑是哉

來龍脈急硬則脱煞下粘墓尾壘土以接來脈若脈緩弱明堂傾瀉仗龍俊壓粘則為主

武掂飛皆不可下夫粘有虛有實虛粘微微近前實粘則湊急若仗龍高俊突則為覆鐘

絕蹤有泉涇虛粘為蟹裾絕知此二者則粘穴畢矣為粘得其訣主朝貴壽富福不便發

倚穴小星若倚為穌不主

倚頹敗水形岳番与倚來

仔細推大星穴名孛金星福曰倚為謂南枝春早近暖先發取一傍乘脈之來故曰近南先發

金中有來倚則避來水有波濤、倚得妙法凡龍結穴独不坊直倚為煞若僵仆不迎生以正倚倚為伏檀頭賊也大倚尖直缺斜則燗擬謬非其本性固不佶求有偏枝就樂故有倚龍虎穴大有吊下停熾故有右骨鏈穴不可拘一而不通依見小乳就中立穴下便退除蓋不避刑閃煞避虛就實迎孩衰敗惟以星蛾眉梭子等形偏倚最貴左明脈長發右明脈必發終是不旬倚者近也倚左龍近倚右虎近故近暖先發者是也高山平地皆有此穴九星中謂龍耳穴也蓋為中氣脈直急不可直下故有左倚右倚之虛倚實夫龍虎齊到人皆道好不知下後卻生煩惱蓋大凡山結倚穴人見其形欲捨局巧朝秀欲下則宜橫腳舍下處爭殊不知倚左右拜之主牛不牽龍虎不關則為氣聚朝山高享則取左右二尖案山秀麗近水取之不可以下手不同也故謂倚實則易曉倚虛則难明如生橫山

疑水去跡。不知龍虎橫絕已點。生牛不牽。使龍値中有四氣脈偏聚。故倚座就朝山。

反吉。或龍虎臂長逆水

倚穴為倚。偏而氣聚。双全。

形局同取　兄弟同取

挿入亦可。反此不吉。

△撞穴。大抵五星皆不撞。不在下分。不在上。居中立穴。生氣和處。主人家大大旺。撞者天然中正穴也。

五百年不拯氣。脈鬼提先聊山微斜。逆受其氣。最要收氐。木則截其分枝布葉之跡。火則斟其騰燄吐焰之跡。水則斟其分流析派之跡。土則主其滉漾和中厚重之跡。金則取其含輝蘊秀之間。皆撞穴也。若穴近土星。長不同。体格有異。不可撞用。之九星中謂人穴也。高山岩壁。明堂傾倒。則不可撞。或龍虎有臂翦夵犯其穴。主人離財散。龍虎腰低。防外山障

补明堂陡隘同龍虎交横者撞者鼓丟傷其胸脇剷穴落界撞穴正胸脇然不知胸
者壁立峻急脇者穴近幽陰全不結穴撞穴必寬平容納子孫別若不審勢禍福
者可驗殘鬼以底
星高低左右而穴

名人穴

撞穴胸脇下

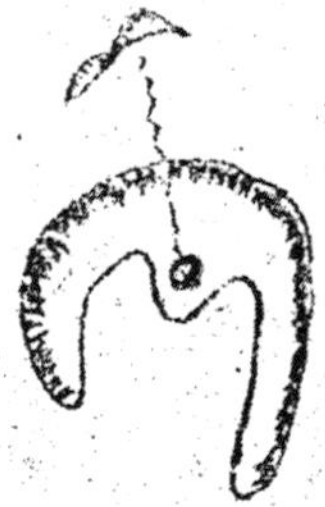

人穴為撞取穴天然
子孫蕃衍富貴登

△脈穴　吞星之下有脈穴受穴處穴疑為水隱隱隆隆之穴扦為灰栈線微芒起推有大星不奇
扦鎗尖者穴立凶死脈者脈架也與前吞星架大川小吞星架退卸于腳下脈架附子奔
身上垂而椰兔鬼椰横為貴人揩笏龍猛氣盛皆從腰發當勢相度盖稍倚撞法
合可合以扦之須用土培護以全其氣木脈必直土脈必方厚水脈透迤火脈必脫金脈

出圖淨而不架金脉土架水脉皆不可下寸以相剋乃吉凶大架水脉水架土脉寸以制勝為吉惟
火在五星不論有交大乃槍头穴又名主下退田筆皆凶昔廖公下此穴用土鏊破鎗头引
水遠之改凶為吉舉此為法或有龍貴局佳獨此殺者則依其裁剪之九星中為右弼也夫
脉有曲有直有横曲者曲取之直者直取之横者横取之或截其中或扦其盡盤者取
其盡微乖其中是皆脉之穴也然低易球于脱脉須隱之中審視其高下究其
斜跌或其穴土虛者脉蟻窠亦根深可悲備得正氣石骨土穴龍吉

名右弼穴

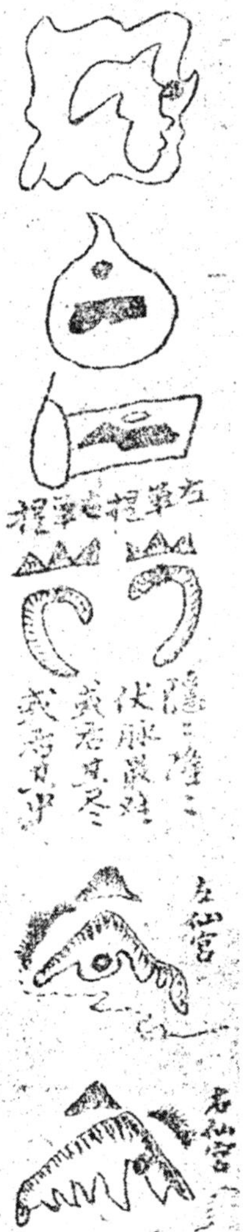

息穴。端正方直生奇子。圓處亦生聰明兒。水淫雖吉亦蠱惑。大星突峻列氣熾。于星下看生端巧。神通挺挺立天穉。息者挺然而出，降然而立。大小不等，俗反謂之包。遂使金玉棄于瓦礫，殊可惜也。書云：大金生小金，穴在其中尋，卻不及彼四星仍也。古人以來吉凶莫測，又不知其後深不住息者穿金攻架金珍寶疊見土攻架土主璋鼓植甘蔭富綿遠，但求之雖無未乾。故生淫慾，大之大跌突熾，愈增奈氣，其實利火重變，削難下然大雅而明淨荷巧端子偏右滑不露則主少年登科，不可拘之而棄之。九星中請尽龍穴也，內言龍虎必須纏

護関閉水城包裹外空朝揖乎風露斜跌蒂杀之嫌可下有初息父子也有继息子生孫
也曾查嗣續為奇特然息有真有假真息不必疑也假息間星全生主之又生主
故曰間星螺員継招必須相生大小連續更看甘過露風則凶杜夾則吉又有辞樓
下殿降勢連珠串串一纓皆於貴局火星有息吉凶相半不必睡甘露必慮其假
前賢見継息或從初息下之卻以継息為停驛依謂过山脉不住殊不知乘氣而截
其旺若过不宛就前下之口 眾山住首穴乎抱胎光吉

名层龍穴

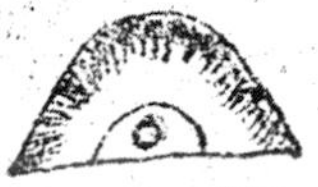

初息

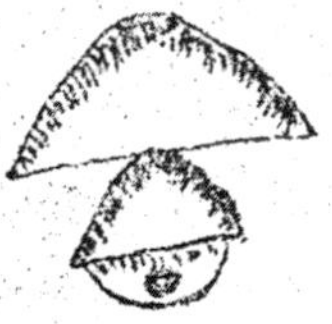

継息

假息

継息為伏息 中乃伏脉

生氣動鬱卻刑尅

上仄穴。五星仄穴起者水，善迹大星回遇鬼，土木仄穴最為奇。金象得水為逢比，仄者曲屈逶迤，繼續有情，迎山接水，顧祖鄰宗，自是一般造化。不以外朝垣局，但取明堂內寬則吉也。木山亦有龍虎者，切須外從回抱，仄者後有托樂。若本山折之，以仄為宗，高卓大出迎望外朝，旺盛出人，富貴可立而至。不知龍來情接，玄武拒尻，或是頑金硬土，不斷之木，帶流之水，當面禍敗，莫明其故。不識左右流注臂上力重，回首其穴，但仄穴多是直亂，或水傍弓邊魚，橫直不入眼，亦有曲直橫，有斜流。金曰從革，水無定性，故皆可仄，因其委曲帶水行。木架則受生，金架則比和，土架則為財，水架則為木林，火架則遇鬼或龍虎臂上若有尖利為煞，不吉。若大星下，金星孤木星收托，土星為輔，則鬼來子救，神

藏煞沒大吉宜细详之九星中为回脉也有大回受小回受左回受右回受回風反鉗云未作
穴先作朝吉也丞若回風反仿以横棄之旋風反仿以乾流棄之夫乾流有回盘龍
盘蛇一也左仙宮亦也主客同受不出百步之回也皆吉惟砂疏之地不停流水或而为流而
往则就之或工流至于滲漏中乾而下现为吉就凶败乎疑棄手龍者曰反穴即回龍顧祖
棄列山者曰墜穴
扦鉗者曰鉤穴

名回字穴

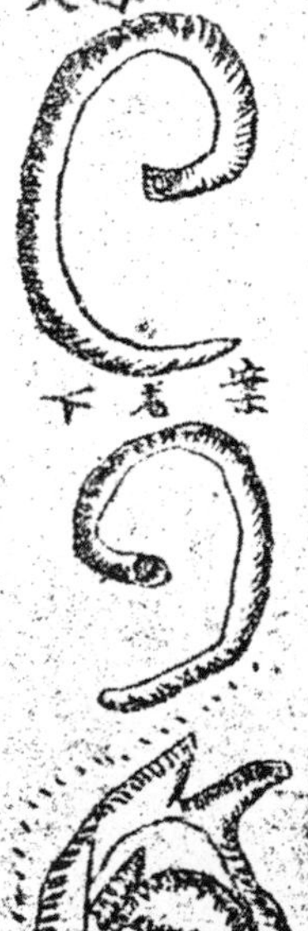

反穴最奇形勢
透迤顧祖朝宗
繚繞多枝

窩乃插架折斬

窩穴之高山窩穴术（金）取嘴横惟喜大为祖水土窩穴不為（方）奇或益误下瘟癀死隱馬藏

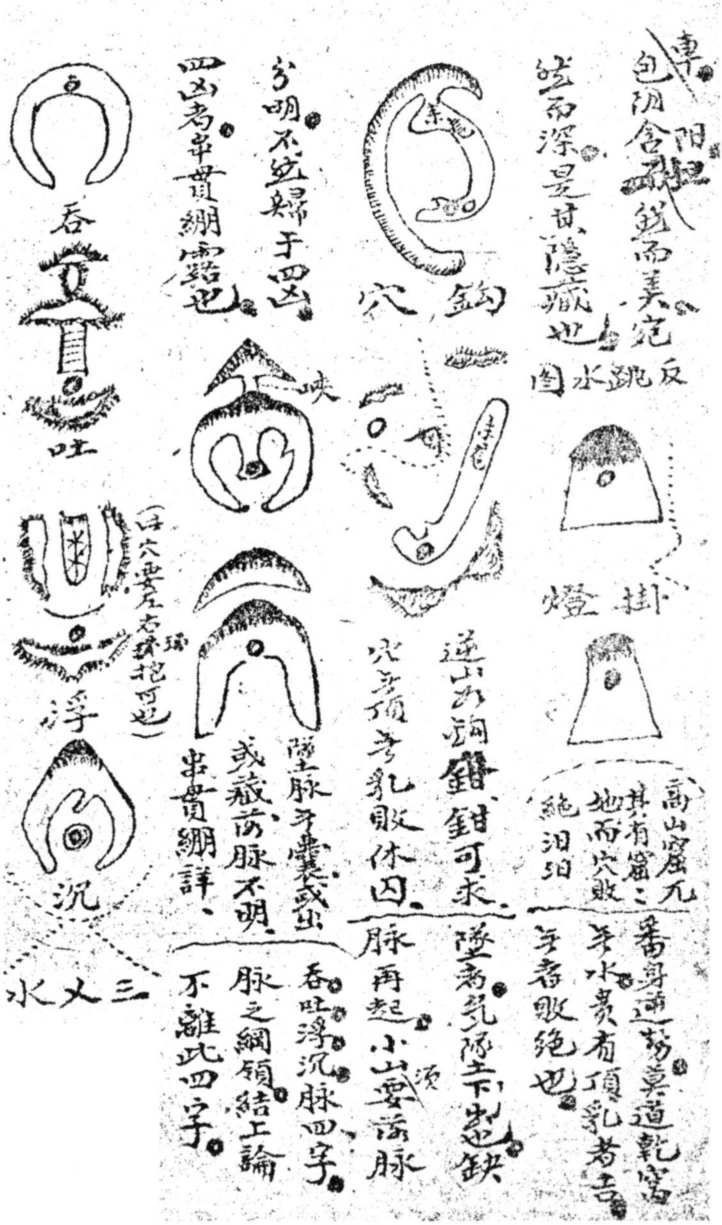

坦而深是甘隱藏地也
反跳水圖
鈎
穴
分明不坦歸于四凶
四凶者串貫綳露也
掛燈
吞
吐
浮
沉
三叉水
脉再起小山要落脉
吞吐浮沉脉四字
脉之綱領結上論
不離此四字

草蛇灰線來不混。此結上論四脈。若來微細如草中蛇線蹤灰中線跡須審微為水外是也不混來止分明也。

急來緩受
緩來急受

高降平坡局勢佳。先尋灰線草中蛇。微微隱隱看明處。細認來脈正與斜。

砂水提要訣

砂不動風。左右動風 水聚堂亡 明堂聚野 水愛衣玉帶形弓。砂喜屏風戟架。虎讓龍讓。
虎踞龍蟠穴不動八風。砂閉水水閉砂。明堂容萬馬。

水城五星歌

若論水城說五星。交度三合悠洋行。金城和軟灣灣抱。木似牽牛鼻上繩。火類

皆書人八字水為急，灣葦玄形，橫平一字名為土，仰深殊途名有名，去水留泥

不留粉，曲直兩字局中評，前斷外城分類取，送迎山水不同情，裏頭大眼穿

龍劈，三者逢之禍必侵，六秀所射并凶吉，蓋因斜破水星城，前朝若及三

龍水，改倚三龍承自明，己工水法做玄微，九星番卦盡皆非，批評水城及星理不

易，學者萬一細推明。

[illegible]在民國癸丑仲夏下旬日 [illegible]手錄

陳規亘古 上卷終

字字金

雪庵和尚著　崑崙樵父訂補

形勢第一

地之形即人之形。圓活而不痿痺者吉也。地之勢即兵之勢。整肅而不散漫者吉也。

元胎第二

涸（胡困切　亂也）

觀地之法。先審其胎。父遞子。子將作祖。脫卸模糊。名為涸胎。涸胎者。出遊手遊食

衰（音蓑　衰也）

之人。樞幹延衰。名曰懶胎。懶胎者。雇宅作宅為之子。左右不來。名曰寒胎。寒胎者。不撻

匝（作答切　周也）

不遷之土山。自高而下。圓淨而匝。自下而高。清平姍遷。自大而小。不枯不瘦。自小而大。不尖不走。或金或水。或木或土。周正端凝。才宮包裹。最忌促壓。尤嫌袒裸。

機軸第三

觀地之訣，先審玄機，男女處圍，名福發達，子孫獨聳，名曰恐機。恐機之為，乃多凶多惧

之兆。雌雄變視，名曰互機。互機之為，交內交內，帶之子之，隨然長逝，名曰去機。去機之為，多妄

家之文之流，溢也。自我立識，不飄不搖，自我承宗，有樺有接，自我達枝，有根有落

自我中興。有抄有招，凝旋端冕，父子團聚，最忌斜斜，猶嫌嚴旋，形有飛揚

情有飄蕩，飛揚受魅，飄蕩不同，形有微弱，情有寂寞，微弱受生，寂寞可

亨。形現是陽，情喜開張，穴不翕集，其情為狂，出人躁妄，少福多殃。形情是

陰，情愛收藏，穴不明正，其情為媢，出人崇疾，寡孀房，趨來踴躍，氣來消索喜

遇子官保平零府。勢來悠揚。氣未久。是常見。文筆祥瑞。滿堂。勢急為強氣
不溫良。卦決平伏甘。氣始藏。勢緩為弱。氣以零府。卦決凸起。甘。氣將躍。勢急
穴伏。家成百福。勢緩穴起。家凝百祉。（子說陽來陰受陰來陽受）

尋龍指掌第四

第一看龍從何起。真龍起處便有鬼。第二看龍從何剝。真龍剝處便有托。三看
龍神從何伏。真龍伏處便有簇。（簇湊地而旁出也）四看龍神從何行。真龍行處便有情。五看龍
勢向何方趨。趨向之方多閃藏。閃藏何當討分明。後有送。前有迎。送都在兩傍
看護送。莫作真龍斷。真龍一閃一起。決此間即要認根苗。細認金木水火土。認定

何星作少祖。遠祖少祖宜相合。便知丹出易層層。行時子孫財官遞。便知種有千
年福。住時龍停與衆氣。便知藏有真無局。看了少祖卻看趕。財官趕當真
為罕。看了趕時看鬼樂。鬼樂便是無龍。龍裡鬼樂作龍與生穴。膺中為福真技賀。若是
龍穴生鬼樂。是名盜氣反為禍。我尅尅我皆不宜。不羞比和相貿務。平洋鬼樂
要可枕。高山鬼樂要可靠。不論左右與中間。看他情向何方抱。看了鬼樂卻看穴。
高泥凸凹宜分表。龍氣授受向庭入。經來生氣宜分曉。氣從耳入為第一第二
厭面姿奇　方宜笑
頂下第三腰。化生腦下認球簷。穴情要似生芽豆。上有厭面分中有迹。下有
唇毡莫消瘦。蝦鬚蟬翼兩邊排。雞心魚泡高相照。土木行龍乳突多。金水行

龍鉗與穴。看了穴時卻看裏々。要與龍神合。若還裏我兩邊財。子孫腰下懸金帶。若還我裏兩邊官。堆金積玉富千般。父為裏時子孫空。子孫裏我父為殘。不知只是我裏我。為居樂業手艱難。看了裏時卻看朝。我生々我兩相投。更有財官來並列。門庭富貴無休歇。看了朝時看門戶。々不許子孫顏第一。父為第二財。第三々愛官星來。吉星氣象隨人取。只宜決面內為排青牽。白俱看了。砂水明堂自然好。水去水來總不拘。只從方位討分曉。看衰旺。來愛長兮不宜急去。愛纏戀情不去。若來大富與大貴。要水源々流。對口高山跌下平洋來時々要見。毛與骨々兩端。便有二種々個々看星勢。尋星尋龍訣。心口方能說。

峽中眞機第五

龍者其本之審其格位之得生旺方可看眼大抵看星峰個個宜剝換二頭不失原神更迭之後必復本方之為本原之星露出上可以論峽矣過峽論氣迹（与来）相似而實不同束氣者想淺氣太盡欲轉所想然其峽則為蟬之蛻為龍之化最為机軸為金龍過峽則金為土之精水之所自墓絶而生旺由孤寡而祿貴則福善可知矣諸過之星龍分正交為陽為珠金之正傳也以交傳过則凡諸宿遁搁六以用交為奇峽之未过以生其傳峽之既过以尅為用局言之義存乎方胃格既成以（而金以火过為體水至甚火而火以水过為制）劳為愛切磋琢磨方成全器故大難尅金不離尅土而土以木过為珠金離

趨木而木以金過為用。土雖趨水而水以土過為凝。觀峽之左右而知穴之青白。觀峽之闊昂而知穴乳突。觀峽之曲直而知穴之鉗窩。觀峽之形而知穴之忌。觀峽之勢即知穴之証。觀峽之遲即知穴之形。觀峽之平沉即知穴之淺深。觀峽之長短即知穴之吞吐。觀峽之後即知作何星辰以為少祖。為金過而又金則龍露須嶂之以嶂水。盡以子衛山。則山不暴露而侍從尊。金過而水則龍洩。須培之以土而後元氣不凋。金過而土則龍壅。須疏之以木而後英華斷露。金過而水則龍病。須助之以金而後力氣不奪。金過而火則龍傷。須制之以水。培之以土而後精灵不損。既起少祖。須宜剝換。剝換一二節。便宜束氣。束而再束。更宜起頂。起頂之

星龍宜分曉。過峽是金復起金。頂惟見原神之真骨脈也。金起水土二星必手之

法互用。惟見小大便非佳城矣。為金見小大才柔同鄉。惟嚴嚴皆金金亦剝換。

則又宜水火以制之。辟星之獨朝門戶。非才不發。非官不顯。

傳交尋龍第六

分龍定要起火星。不起火星氣不生。穿心中出是真龍。真龍不穿心力量細。雖然難可

執一論。右左送迎互換場。乎龍原是最陵樣。另生枝葉不偏陂。一芽名芽葉枝生是

木星生帶水。又有蓁芽起柳枝。半有半無是人字。均停惟有梧桐節。祖宗子孫總

相類。才是水星最貴龍。看來百中無一二。更有一様蜈蚣節。七个八个十个生。个个小山

微有脚。手脚却是蠶頭形。此是土星生金子。漸〻秀異。轉見清。金雞啣詔大穿木〻交。
文星大相逐。金鍾玉釜是金〻交。狀元獨步麒麟殿。天池不可全作水。四面尖齒生既濟。更有
石笋星大缺。此貴須知非窮易。大貴之龍次第高。前出星辰須交亂。〻處終須正傳生〻。
時分明龍始成。亭風低決是金交。昂然定是生秀木。金鵝趨岑是土星。金雞却是大交
成。大交偏側結貴穴。名為飛燕帶遊絲。　木交上有巧妙處。卧蠶吐絲前面出。玉蟬出現
又精絕。皆是土星祖宗生。又有紫囊裏鐙掛乳。金星融結正分明。蘆花鞭与印笏杖而今
木星同一樣。芦鞭生活有傍龍。躍馬朝天為將相。
傳交人穴第七

貴穴十九是亥格。時師依眼何曾識。第一格亥大墩垂。三液轄流惟一線。斗頭遇土
便安攻。乳為懸胆真金現。第二格亥亢堤王。三星磊落金子窩。傍見大脚便尋
蹤。亦有當失屏勾几。第三格亥坐喙求。亦亥風形低啄。罩水星一亥。便安攻突乳水
泡為真穴。第四格亥土壅水。水勢奔騰為蛇蜿。金峰隱隱面前迎。一穴安然為乳
墜。第五格亥水撲火。火星歇滅為稜角。尋得條條節節閑。水星掩映穴場高。趂而
亥者喜見父。迂攻貴且富。生而亥者喜見財。富貴自天來。精微妙法說不盡。
魁生生魁兩安排。

龍穴砂水第八

龍回龍來。不見其來。將何作主穴。曰穴情。將何作證。蓋考个非龍其來不中。塟者乘之孤。寡貧窮。者脈非穴。其中二拙。塟者當之。輕貧重絕。生尅之砂宜皆就我。子父才官宜皆深抱。々我則吉。背我則凶。來去皆水。宜皆碌餘。艮丙皆辛。宜皆落注。金土城住小大為崇。趕裏非砂。蟑蝦非水。二以定龍。二以證穴。龍有証佐。穴有乘除。金土交為水。火落其傍。勢必一線。貴不可當。見土成穴。二欲其藏。土交為主。小列其間。勢必剋水。富不可言。遇火伏側。塟乘其巅。砂據離鄉。二愛離鄉。據其尖削。必飄必蕩。愛在團秀。远宫富局。水莫嫌去。二莫愛來。去為血決。四勢招財。來者箭跳。一了不諧。

趕裏第九

大富大貴。趕裏來分明。看了少祖。卻又看趕財。官趕需真為罕。父為趕要來。何緩子孫。

生我為父。我生為子孫。

趕要來何防若迟。不緩與不防。興隆有救难。長远要求大富與大貴。峰巒只愛財官趕。若

还只是我趕我。縱然發福亦有禍。貴龍有官趕者不貴。有才裏來亦不貴。富龍有才趕

若不富有官裏來者亦不富。才不見官貴。才不剋官。不見才貴。官不庇。時師開口門開戶閉門

開有屏。長子凌退。戶閉不伏。幼子乘戾。堂喚明堂。不宜逼閉。平正有情便為吉利。周

匝開鎖。寬狹便宜。大寬氣洩。諸方情聚。龍窮虎死。只要水城環抱。堂寬案远。必

須龍勢高強。水秀山明。可吞者可靠者有力。山笑水哭。不闊不見者有行水去。露名

曜一卷。千鈞之力。前來朝賢水一句。萬鎰之情。水口葫芦。時師跳笑。不察星巒空

談華表。若遇子孫。陶朱敎寥。筆印瑞嚴。赤水主貴。倉庫逆生。水去財住。砂夅鶴爪文

名士少。鶴爪不搁。反生偓促。砂夅牛角。終成敎爵。牛角不回剮。反生奸回。砂夅蟬翼穴

情不的。蟬翼、壅腫。反生懞懂。頂愛中穿。穿愛之玄。不之不玄。反成死膳。枝遭斡魁

何誇正格。受魁砰穴。終有一絶。縱有水城。定多冲割。時師不識。貪愛瑣識魁龍

鎖水。反成牢鎖獄。若夅撤赦文女童纓纓。

論極暈第十

大富大貴。陰阳仍地之理。閣健。極暈爲玄形。之有極。之有暈。不極不暈。富貴難

向。主爲金極。水爲大暈。極爲元氣。暈爲用神。極不逆之不迎。閃之擇以顧。復情暈穀

不昂〻不倚。依〻恰似相回互。官出現有伏藏。子端巒是為正暈。〻〻者。爵祿德長。而為牧為相。官俯（倚）伏。才崛起。于縱橫。是為亥暈〻。〻者。威權猛烈。而為將為台。行龍不帶暈。丹桂無根。縱有乙〻甲。荐屋狀元〻子。堂氣不聚。極黃金笑。種縱有文武貔貅。難登將相〻合。極見暈而端凝。龍章虎誥。暈見極而登縮宗閣丹扉。登穴場而極居承托。或為屏嶂〻之手挹。明堂而暈列官禽。〻作排衙〻狀。極在砂中。鏈（鋒）若不露。而暈皆隱〻〻之流行。極藏水而源（派）有宗。而暈印拜〻以布置。龍穴之極暈不全。但貽哭于鄉黨。砂水之極暈不全。恐播惡于蒼生。極有欠缺。不為孝子忠臣。暈有孫遠、難琁經邦濟世。極有極〻方〻

宜出現。極尊子才若貪。極尊子子官弱。極尊子兄弟。不若以官曜之秩次親

祖暈有暈之位。有弟宜官暈之位。宜聳。財暈之位宜伏。子暈之位宜欹（端）。一有不協

其宜印為頭。禍明堂四暈俱全。印為反，若水口四暈俱備。晚年登科。大富者才暈

當端而得位。蓋富非驟至。須錄積寸累而後于倉箱。大貴者官暈當端

居方。蓋貴非蕩來。必琢

磨勤苦而後性揚名顯。

立穴趨避第十一

直龍看化生之腦。橫龍看樂托之形。以綜之偏正。定穴之偏正。以樂托之行止。定穴之上下。故孫

不宵祖曰蔡〻者雖培富貴之根子不善为曰漏〻者不産文章之士亦不論強弱、
要无趋无冲賓主不論远近、只要有生有合仆從不論与寡務要无反主之屋門方不論
澗狹要有捍城〻宿山不論前後左右要合星体而面不飛脚不竄眠水不論去來澄凝
要合方位而來不冲去不割束氣要圓平兩傍不要脫淺〻者行龍无力过峡要融緩兩
傍不要散〻者尋穴無情寧可借停驛〻主以為客（过山可同）不可趨貌駕〻客以為主（行龍不可作穴）
寧可挽元辰〻水以為富不可招黄泉〻水以出為貴祖宗雖好隔五代六代則无力作從即（理）為遇一
胡〻綱而印敗星峰累〻縱一節二節〻少虎尤為吉地鬼網重〻雖一山一水〻可取不為
佳城〻水愛曲不愛直〻去放山直來〻防冲射朝愛來不愛去〻長者故非吉去短者之是

支離龍不開襟列帳，何誇粉僊脂花；穴之前官後鬼，空有鼓閣樓台；文章蓋世，不科名只、

因管印模糊，子孫富貴不久，多蓋於長短淺薄。正龍之福遲而久，故將門出將，相門出

横傍龍之福驟而短，故一發如雷，一敗如灰。

穴中諸證第十二

別人爲形，我爲星；別人爲樂，我爲情。星峯本是龍之表，情脉却是龍之精。金龍宜向鬼樂

托土木二物，情相錯。青白迎朝之水火不融不化成頑破。金木水土穴之精，窩鉗乳突穴之形。凹

高沉穴之地，細將證佐論分明。前爲明堂與朝案，後爲樂托與鬼撑，傍爲龍虎與界水過之。

却論形與情，我見屏風架戟秘娘纏白虎，形爲當口，因缺任右邊單，紛房對老年衰，行我覓

玉帶形兮水灣環繞抱青龍情。因峽左兮金屋長房有才郎祥瑞。我見席帽橫琴案。
端嚴疎璧真堪貺子和仍且不科名。因鬼星辰亂。我見明堂寄家馬排衙喝喏人侍
公須。誰知左樗不悠楊當其藏積官來俸。我見水口是葫芦之玄曲屈相回顧為何家業
不興隆。因龍穴無倉庫。我見犁土疎文筆。又有宣詔為天馬。若遇龍穴無設施仍
勞十載寒窗下。我見錦被蓋牙床。因山疊疊兒孫穩。因龍穴為齒寒冷。付子息難
奠旺。砂水為何為福殃。因龍穴元辰敗渾為狗子与傭居奸臣悍的威权大。砂來為何
福力強。因龍穴元辰旺渾為圣主坐朝堂。四方皆是英雄將。我見龍与穴相迎。我見
水与砂相稱。吉水常能消惡砂。將砂上護頭。水病陰。砂右邊插過左。左方水注難為禍。

若是砂去水亦去。家逆頓刻多崩破。金龍水口多宜土。土能制水又生金。金龍若見水与木。不若又宜火与土。土龍入手穴宜水口。何誇捍門与華表。水口時師多愛窄。若論明堂多寬（愛）。誰知不論寬与窄。只忌傾瀉便為災。龍急勢雄奔驟馬。便愛堂寬吞仔下。若凡前案与穴促。难言富貴如陶謝。若凡來短与勢緩。惟是堂小藏聚氣。內堂傾瀉不周圓。外堂空亡羨堪播遷。

四穴真諦第十三

窩鉗也。窩則圓。而鉗則直。乳突也。突則聳。而乳則垂。金水之龍。愛成窩鉗。土木之龍。喜成乳突。窩取心泡為証。窩無心泡。為側為空。側空之窩。孤寡貧窮。鉗以貫耳為証。鉗無貫耳為薄為散。薄散之鉗。人離家散。亂以垂水為証。亂者垂水。為枯為竭。枯竭之亂。非貧則絕。突以鬚翼為証。突者鬚翼。為孤為寡。孤寡之突。艰难破裂。地在高山。突中愛窩。地在平地。窩中愛突。必被才伤。宜鬼來救。穴中有財。康寧福壽。財被鬼滅。宜子來制。穴中見財。庄田不替。官被子伤。宜才來護。穴中有䕶財。貴而且官。子被爸伤。宜兄來助。穴中有財。子孫福祚。穿空穿三傳。穴情更惡。夾堅夾軟。穴情融暖。併官不併鬼。鬼者絕。併虎不併龍。龍者滅。併案莫併托。托者家敗而雷。併山莫併水。水者傾敗必裂。

龍穴交度第十四

遠方福為符。要知交度。山水不交交度。豈有陶朱富貴。不到三卿公。壽不高祖彭。夫婦不齊眉

孤寡鰥門戶。故龍不交度。甘名為絕。絕則子方年年之禾穴不交度。甘名為痼。痼則子千年

主富。砂不交度。一名為佢促。促促主砂子孙不發。水不交度。名為支離。支離主水門戶流移自過峽

而起。少祖星為龍度。金龍不見水來護。則為子絕。若陸發有三五水龍不見金來

顧。則為父絕。定主白髮盈門戶。金龍不見水來扶。則為才絕。營營衣食常難措

木龍不見金來助。則為官絕。文章不上青雲路。土龍不見金來護。則為兄絕。覺

覺獨自撐門戶。自見孤而孤房榜。星為穴度。里金不見水。則為才痼。秋琴四珠

有倉庫。里水不見金。則為兄痼。若是土流龍神多夾輔。土金不見木。則為官痼

何義色〻文星助主求不見坐列為文痼定見高壹少壯心生金不見坐則為子痼
時有孤兒與寡婦自隨龍以及門戶是〻為水度〻生穴水城水是為子支龍沖割
定主子孫離鄉曲〻生穴土城水是為父支離沖割定主兩孫離祖業丰是〻生穴水城水是
為才支離沖割終日運籌撐斗斛求穴生城水是為官支離沖割白頭猶把文章
讀生穴生城水是為兄支離沖割打虎關墻考撲〻自青龍以至白虎是為
砂度金龍金壘〻則為子位促〻生者頻〻前者稀金龍水洄〻則為財位促放召多
聚日微水龍生連〻則為兄位促手足不齊福不全生龍不絛〻則為官位促虎
名位常卑微木龍生揚〻則為父位促其父其母不相顧蓋龍穴之度以度

而見者為力。砂水之五度，以表而見者為忌。訣由心悟，難以言傳。

五星生尅第十五

生固可愛，亦有不愛之生；尅固可憎，亦有不憎之尅。獻天金星來生水為鬼生，少陰金星為伏生。鬼忌為從，伏忌其強。從強之生，家多忤逆。金穴水案為感生，金穴土案為應生。感宜近，應宜時。不近不時，富貴不獲。金穴剋水為順生，金穴剋土為逆生。順喜秀，逆喜發。不秀不發，英才不育。左金右水為雄生，右金左水為雌生。雄宜仰，雌宜伏。不俯者骨肉殘，伏不仰者家道乖張。正律生者曰出生，側腦生為曰眠生，卑面生者曰立生。出生宜正，眠生宜伏，立生宜平。不正不伏不平，幼生亡而

老者哭。五星相尅。目亡有五獻天。金星居西方而尅木星于強尅也。少陰金星居南
方以對木星于弱也。尅強尅了強弱尅弱者亦強尅弱弱尅強者降。火星直射金宮而
兜耗禽曜皆水星沉映，則雖尅亦無矣。正位金星遇火星侵擾，而木星殘殘振
金氣能制，則雖有尅而有失矣。有尅亦失者爵祿高臻。亦尅有失者救被
中伏。水金星入首，廉貞高將為為明尅。石磊磊火星來遮，金星龍到穴為暗尅明
尅現禍暗尅明伏隱隱金龍帶有火星歷王并白己尅。外山特竦，火星與己[illegible]獻
為曰人尅。人尅者爭競鄉邦。己尅者骨月參商。凶星惡曜為將主，廉貞則喜
水星以救之，斗為愛尅。吉星得地，水金居先徑則惡見火以制之，斗為怕尅。愛尅而

魁為福不小，怕魁而魁為禍莫大。

朝對第十六

门內居子，目睹佳賓；门外少佳賓，犹非賢主。況门庭有冠為禍百端，而鎖鑰不嚴，凡哭千万般憂愁煩不了。盖

竦（与從耳同）

四五南北百步之竦案，不十年一掃而空。東西峯前見高峯，千万般憂愁煩不了。盖子午並開，老無聊賴。（南北向堂，冗為冷泉）卯酉正閉，少不軒昂。登科及第須當三合大星（巽辛為天乙太乙，若）辛峯出現，須看艮丙二方有尖峯相應。（亥山有水一同艮丙平為三合）積玉堆金定見八方文星至丙丁辛科决中。若巽庚癸方有峯，主庚辛癸科決無及第者。

水面（要入双山三合）山特來，倍伏貴，壓千官；水远归而澄凝，財均發戶。眾山俱混沌，独一位之对穴者端發萬派，尽支流，惟來臨者為澄淀鍾，主家门富貴和祥，諸子崇昌。

蕩假第十七

真者多隱拙。假者多露奇。一如貞女柔而廉肅，篤而無倚寵，雖視之人。一如淫婦暴頭露面，而多拱視交馳之狀。真者如法駕臨軒，雖鼓閣樓台，而拱手埋頭。假者如浪子浮遊，雖胭花粉黛，東馳西逐。山來大而款斜，假地也。山遠屈曲而反跳者，假水也。穴孤壙而耳無貫，峰腦無平枕，陽無啓穆，陰無凝聚，假穴也。真龍中穿，假龍之中出真龍夾護。假龍之蔽遮護，然而中出無根，多是幹龍之迎客遮護手裏，多為帶劫之零星。大假者久而大殃，小假者暫而小富。

熟記此段，莫愁真假不分也。

官鬼禽曜第十八

絕不愛鬼。官卻宜官，宗不宜宗。曜須見曜，以鬼為鬼。名為盜氣，家道伶仃，子孫不展。以官作官，不怕尖尖出人，軒豁甲第魁元。絕不愛鬼，子不愛子，父兄才帛方為[illegible]。諸官宜子官，官宜才，父宗大二星，名為天助。金水二星，星勝于主，宗而宗者其勢卑弱。有若前人家消宗曜，而曜者其勢俊俏。若是貴龍，為官清要，為福之鬼。十有五六，若有官曜，盡是造福。

用神不用冲第十九

扦穴須知有用神，用神冲破了非輕。叮嚀聊知不可說，只恐時師認未真。以金龍之穴巳丑二方為用神哉，用之此星向。或用此入首。不忌黃泉與殺墓，只要龍與穴相就。亡命愛是火水宮，登朝宜用卯時候。

巳丑二宫有酉藏須用卯冲神壯旺受子孙必有亥未人合起冲星真不謬宜原居

巳亥中藏寅禄輪來申酉旁冲動禄位官印兩冲動為外禍須防馬在病中

宜生合禄居官位要軒昂富貴官禄愛在胎 維持原卦喜遇長生施設二須居斑地 地應驗便宜墓處生助君冲生莫冲胎 冲

胎卦恐根源坏怪從生处一冲之自然應驗若遮嶂金貴卦在寅午中貴人可合

不可冲合起貴人冲動禄何愁貴富不相逢請向貴人和合金貴寅午用戌合

寅午二方有吉曜戌命生人有甘甘妙巳命若是卯酉生富貴重重相輻輳

水大以死絕為貴人金以煅煉為貴人土以生旺為貴人

四龍要訣第二十

欲知金龍奇奇在出土獻天冠兩穴大星趕不上斗頭一承便相搭金節尺成鎖子甲轉身又
見星隨土忽嶂起三台樣水窩圓淨是金奇撲地大趕撒撒承承重節裏依依火蒙
馬明出庚辛峰兜孫及第錦衣歸金龍巧巧在漲天水邊走讓過大星頭接細
馬蹄聯几哭與水敵與火戰十開大退土星現土星一束太陽出須知此是金巧不見才
水星肘後為禽曜不見官大星水口插雲雲霄水土朝案為宣詔詔請公卿滿聖朝
金龍隱隱在土中人不識器器度水恰為援兩邊元巉巉為石大在進右未隨隨追隨只
見土成堆水星遮嶂穿封穴出剛一斛未露間土星作案名獻節一字文星門戶
排有人識得隱龍現九重天上棕案金龍怪怪作玉環為寶蓋撲地一派一水來

左穿右閃峰生光。側凹腦面三重。土星拖帶金星在。趕見西方斜合襟。水木火土
都相会。木泡圓大脚曲。肩捎不開似偃蹺。門缺風吹土作屏。誰知是個怪龍形。怪金一
过掌与印。堂垂文章動星明。奇巧多為水星好。隱怪多為火星豪。金木土星俱貴
現口。恐時師眼不高。又云五星可作宜輕清。不宜壅腫。大凡奇巧名侍友隱怪須從
剝換歸。奇巧常在旺處入。隱怪生處露根苗。

青囊樞機第念一

極富極貴之局。峰端奇巧。或大或美之地。行龍隱怪。奇者中穿。巧者边出。隱者密
獲。怪者脫踪。

十一大格第念二

前案。後山纏案。向後水纏前。左是崗。右是平崗。泪〻起平垣。須知是富金地隔代兒

孫富貴綿。朱雀缺。玄武四缺。當見朝四當。托青龍直白虎空〻。當見墳直見章。須

知是通哭地。忠臣烈士滿台閣。峽長龍嶂。一生一刹三台祿高手哭低手富前

山交織似橫梭。須知是多哭地。清貴名聞名譽多。山如斬水如瀑。一個星峰一個

逆〻步緊逆步關〻。來有水出排回。須知是歸魂地。代有功名世有才。逆水龍入極

案手心抱手伏獸。倉庫山合金水。龍手庫牙虎手嘴。須知是發蛇地。足衣

足食手祥瑞。說不貧手參星。說他貧有水城。說他富手倉庫。說不富有

遮護須知是乾科地。本土不同忽云龍未爾是牛皮乎起乎伏乎高低入首外
乎象鼻有（有）遠有遮蔽須知是地鋪（翻）地。百子千孫長富貴。東邊出西邊沒
出沒中間有毛骨。尋停金羅列土。有含有曜侍門戶須知是地織錦地。闊閣
纓簪清楚華表門。重重肯業。辣五諸嚴有二乙。朵曜瑤簾幞僮。來牙不開水
不曲須知是藏修地。不居廊廟居山谷。來外直封外曲乎趖乎冲真。骨肉高外
來依外薄山一轉兮水一曲。須知是地涵春地。富貴悠長且安樂。貪巨武三合文武
為家主又璨宣詔砂。棒袍鬼。青朱熱三交峰起。須知是是凌雲地。狀元及第神童子。
方位真訣第念三

子章切記宜熟于胸中

胎養周正富貴根。生浴開佳富貴元。冠帶平坦富貴清。官旺軒昂富貴義。衰病遮攔富貴安。死絕綢密富貴易。墓藏富貴久。吉神須用應方位。中間又要有聯絡。二之交多禁忌。胎養長生須間隔。君子間隔不清白。沐浴冠帶嫌凹突。有凹有突生鶴鴨。臨官帝旺宜抄插。不抄不插子科甲。衰旺中間莫高下。一高一下常驚訝。死病二方宜擁護。不擁不護生嫉妒。陽地陰地一般論。方位星辰宜既備。陰地富貴要根源。又要纏抱與設施。雖屬又要有應驗。五吉俱全天地賜。中間方位又要殊。生養墓絕四局是縱。有根源子設施。發名不離鳳凰抱。虎砂兜官插印曜。不許腰懸累貴歸。有了設施沒根源。何須甚向。仕途蹭蹬。若無玉席帽標。奏名納粟可求官。

坎子水　离午火　全宫相感

有了根源有退施，登科奪得錦歸鄉，標名如何不識真金帶，更加堂下子孫侍侍之設

施俱各有。根源得地科名首，如何位不到三公。玄驗

須知天輔輳，坎上吉星應子人，離上有吉貴人受。

【上圖形說】龍從右来吐下砂三　連三峰開帳而去

品題富貴第念四

富之品有十。一曰仕宦富，峽位才官祿富倉庫，聚水艮流，六建俱纂，三垣俱融。二曰祖業富，

倉庫作祖，三合水土青，至水繞白虎肥圓。三曰商販富，才逐子宮，如水繞木，合倉撒庫

頓連離丹伏。四曰妻才富，納水織域他連，旁挾帶聯絡。五曰田宅富，才不離宮，庫不離

倉艮水澄注青玄斂藏六曰才帛富倉庫盈二不遠不粗瀦水不涸有子孝克七曰積才
富倉庫洶湧艮水一灣外砂兼攝才堤入穴八曰民間富龍有倉庫青玄水瀦官子伏
藏兄居门户九曰濁富倉歪庫斜水聚巖谷祿貴多峰龍拳虎縮十曰鬼
富玄方隱祿倉庫背伏门水斜濁砂藏肘腋貴之品有六一曰汗馬貴旗下
立鼓馬前帶曜案前插戰龍趨兜鍪二曰科名貴席帽模糊二乙低位奈曜
短縮水灣武曲三曰甲第貴根源設施軒昂得地三合大星照源拱祿四曰刀筆
貴砂外遺劍龍有印囊席帽侍馬貴不聳耳文祿不起庫五曰親戚貴戚省
誥轄傍虎畏龍少陽帶祿照夜逕盡主六曰君目貴龍圍骨肉不行不祥隔表冲

實案列後面

分龍貴賤第念五

峦头端正一贵也星峰显昱一贵也脚手尖利不竄一贵也出帳入帳一起一伏一贵也

脉迹中抽一贵也远峰拱映一贵也三峽內穿田一贵也手峦头贵也出脉情正一贵也

吉脉长远一贵也剥龍三卦一贵也行度生旺一贵也三吉六秀互换一贵也起頂与踪

伏不闪不離一贵也手出脉贵也

三合玄機第念陆　蔡桂蓉　論双山五行合貴人

龍不合穴則龍不真穴不合水則穴不正水不三合則（此富不昌）收水不盡大不三合其貴不淳龍

年三合其情不聚，或年三合其氣不均，砂年三合其勢不踹，大貴之地，以年為的，為龍貴方，是為天合。結乘其堂，是為人合。水來為滙，是為地合。于龍家三合也。兜棒其砂，是為收合。宮踈于前，是為前合。曜展于側，是為傍合。于穴之三合也。一不逆龍，是為承合。二不悖穴，為砂之合。三不順水，是為去合。于是砂之三合也。來從生養，是開源合。注于官旺，是潴蓄合。去從墓絕，是為水合。于外水之三合也。龍虎兩融，是為耳合。八字均注，是為肘合。蝦鬚逆派，是為逆合。于內水三合也。正架直來而特起秀峰，是為天地合。位寅有峰相應，是為日月合。戌上有峰相應，是為風云合。于火星相合。合于局主寅午戌年科甲，或寅午戌生人。

地支大星，雖有艮丙辛、乾甲丁、巽庚癸、亥卯未

己酉丑甲子亦皆三合也。若三合火星合龍合穴合向有峰尖聳皆為大星騎科之法

以水為的，三大垣秀，上等上格龍主大魁天下，中格龍二科甲高選。三峰缺一水补亦同

一合者不富亦不絕，兩合者不賤亦貧，全合者大富大貴，然亦遇主而求也。地有全

合則峽有角孫，則龍有祖宗，有祖有宗則穴有孫露，或為泊岸之舟撓楫

俱停，或為登殿之王，文武齊護。若

夫三吉三敗，至說印与子相反。

主龍而來四方並之峰亦

明堂湖水石硯主出及第

古玄过大地

約束真機第念七

富貴之地，入垣合局，方有約束。地无約束，龍祿之約束，球哉富貴双全。約束之星氣象

諦嚴。後不為鬼。前不為官。左不為龍。右不為虎。帝都約叁三百里。父為約束基根。

而孕為世代簪纓。子為約束驟興。隆而盛者。遠播才名。約束盈倉箱。而納粟奏名。官為約束。登甲第而入祠。出略兄為約束。將鼓頑而臊芳。益美。金星約束定是獻天。為鐘為釜。而大星減退。木星約束。定是沖天。不傾不斜。而土星斂形。火星約束。定是燄天。不搖不竄。而水星潛伏。土星約束。定是齊天。不尖不瘦。而木星低避。約束遇官。雖詩書難逃獄訟。約束見父。敦孝友而迁徒防危。約束見子。多英俊而老成凋謝。約束見才。富貴隨而東西宮寡尼。約束見兄。分门户。而争雄競勢。惟一山諦益。而像年立峙。众星低避。則富增美嚴祥喬福矣龍從左來則約束宜右水來于左人多軟柔龍從右來則約束宜前案于收人多敦肆九龍升霄宜有約束之出于門戶之內為朝約束出于生旺之鄉壽長百世居于墓絕之地白首來歸居于水口之內即為墳裏現玄武之臂便是于城青龍案大場大形不過一山一水

山水大觀第念八

北玄南賓東魂西魄中央蓬萊四圍垣關生戶自開死戶自塞玄牝妙凝精神水

兌悅大富大貴之格遊蜂遊蠶兩儀蠶飛鴻來賓連天鞠鼓擁地琵琶祠大貴味格天地樓閣

峽中及水口見日月旌旗霞裳羽葆玉兔金門叔重鼓舞百里遮圍合此大貴電

云如玉雷龍樓鳳閣粉黛胭脂变水出蛾眉星妃回形虹橋玉母群仙隊伏金城散花

丹炉异灶主出神仙大火將軍三台華蓋飛鴉撒卵形云九折將相魁元大將大鼓大

旗水木天罡石柱天馬金珞樓船羅三公侯大將坎離精精五星聚講盛五

氣朝元山九星貫珠聖賢廟食配祀

十龍貴賤第念九

一曰龍翔要霞逆雲從有手足而不露山圍嶂繞起头角而將勝二曰鳳舞要昂

头展翅張尾勝身居羣鴉相隨多少山山朝旁祥雲自起有平峽峽連綿三曰

虎踞前昂後俯四曰天馬逆上[illegible]前過水將下飲出峽居欲上昇五曰平崗烟

雲斜蓋星月流行，于吾之龍也。白嵯峨，非龍非虎，氣脈乾枯，規模褊窄之
曰驚蛇。獨行屈曲，欲住于磨，收帶下孤君，欲斷不斷，又如古城之羽，段段傾斜，八曰尖射，
暗不收，管頭不收，曜奪氣，非鬼護身，非送，九曰孤峰，無屏無障，秀出沖天，有刀
有鎗。十曰亂雜，左出不融，右往不結，前無倚，後無據，山不成，水不朝，此五凶之龍也。
外又有奔逆之龍，或百里平田，茫無可據，或突起群峰，狀如奔馬，平地無蹤，忽然
立龜過水，伏脈忽然躍鯉，名為星列，翻飛隨行，強極量于明。動數百里，未有
融結。此龍極貴者為帝后，孕育真人，無穴不常有也。

心地第三十

天感于地，人協于神。下地之法，先下心，心地無愧，陰地自然。又云：大德之人，必得其壽，必得其祿，必得其名，必得其地。

字字金終

鉗語云

崑崙乃是山之祖，天下千枝萬葉中。庚兑江北真奇脈，艮寅江南第一龍。巳丙丁歸閩地旺，坤申亡、在六陽辛戌。乾坎癸南瓊盛，卯乙單行下贛中寅。甲卯秦蜀地上，壬獨兩廣陵宮。有人為遍人間地，萬里江山掌握中。

雖有受用志，玠句難得說

趙連成號雪菴，一光師序

人非天仙，而徹通天地之玄机，其福奇哉之于，並識理，因性光師之

能知地理，非有虛非慧心者，通識萬辨也。以趙連成雪菴之號師

諸遺之真訣，必能精詳註，探其心源者，幸勿竊遺而輕傳也。非其學莫傳，雖學而無法者，更不可傳也。然有美法之士而學之，既精且吳用，家用必殃于生民，且損于己陰騭。蓋地理之精義極微，而不細註詳辨，裁剪無差，非達眼識不能也。古云：陰地一根線差之毫釐，失之千里，可不慎要？諸為而任意指穴耶？然不可輕遺傳，恐無法者明知而故欺，損心而昧己，為利而忘良，索利而害義，地無而感有，棄正而求偏，以假而作真，故不可輕遺而輕傳也。惟二先師之真訣，悉諸罕有，玄機指破，理無重議。

非其人不得，非其人不授，得其人而受之，宜珍重也。余於文聊述數語于尾，以警得受者，視其筆跡，而於録遺憾也歟，嗟

民國癸酉仲夏月

景壽峯謹撰

地理之書可謂汗牛充棟考其真偽術訣求之真識理得道者達此深奧

先生傳受陳根邑吾甚此一書可勝讀而詳于家吳九霄善惡分明道遐邇徵傳龍穴

消水過峽來氣以分進退消息而不遠傳至機指破理氣重設真可謂當之話保千萬也

姓氏 生壽後世精神可与天地同流日月同休雖千萬世而不朽也矣

治牙痛方

首烏

淡七厘

草蒲

和精肉炆食即愈

心一堂術數古籍珍本叢刊　第一輯書目

堪輿類

謝氏地理書
地理學新義
平洋地理入門、巒頭圖解合刊
平洋地理闡秘（全彩）
華氏天心正運
地學形勢摘要
司馬頭陀地鉗
鑒水極玄經 秘授水法 合刊
地理輯要
地理辨正揭隱 附連成派秘鈔訣要
地學鐵骨秘 附 吳師青藏命理大易數
趙連城秘傳楊公地理真訣
趙連城傳地理秘訣附雪庵和尚字字金
山洋指迷
三元挨星四十八局圖說
張氏地理錦囊
青囊一粟
堪輿秘訣彙釋
風水正原
風水一書
金光斗臨經

命理類

命理大四字金前定數（全彩色）
韋氏命學講義
命理斷語義理源深
千里命稿
文武星案上下卷
精選命理約言
斗數宣微
斗數觀測錄
地星會源斗數綱要合刊（全彩色）
皇極數（1－4）
星命風水秘傳百日通
鐵板神數（清刻足本）——附秘鈔密碼表
邵夫子先天神數（1－2）
斗數演例（全彩色）
滴天髓闡微——附李雨田命理初學捷徑
算命一讀通——鴻福齊天
命學探驪集

占筮類

相法類

三式類

其他類

述卜筮星相學
中國歷代卜人傳